THOMAS MONTASSER · MARTIN GAIDA

DAS AKTUELLE RECHT FÜR PAARE OHNE TRAUSCHEIN

THOMAS MONTASSER · MARTIN GAIDA

DAS AKTUELLE RECHT FÜR PAARE OHNE TRAUSCHEIN

Mit ausführlichem Partnervertrag

WALHALLA
BERLIN · BONN · REGENSBURG

Die Deutsche Bibliothek – CIP-Einheitsaufnahme

Montasser, Thomas:
Das aktuelle Recht für Paare ohne Trauschein : mit ausführlichem Partnervertrag / Thomas Montasser ; Martin Gaida. – Berlin ; Bonn ; Regensburg : Walhalla, 1993
(Ratgeber Recht & Wirtschaft)
ISBN 3-8029-3430-X
NE: Gaida Martin:

Produktion: Walhalla Fachverlag, 93042 Regensburg
Printed in Germany
ISBN 3-8029-3430-X

Vorwort

„Nichteheliche Lebensgemeinschaft", „Ehe ohne Trauschein", „Wilde Ehe", „Onkel-Ehe" – es gibt eine Menge Ausdrücke für ein Phänomen, das immer stärker um sich greift: das Zusammenleben zweier Menschen ohne kirchlichen oder staatlichen „Segen". Die – von den Juristen meist so genannte – nichteheliche Lebensgemeinschaft ist für viele nicht nur eine bloße Tatsache, sie ist Ausdruck eines Lebensgefühls. Andere sehen sie ganz unsentimental als soziologische Erscheinung, bedingt durch eine Reihe anderer soziologischer Erscheinungen. Manche betrachten sie schlicht als praktisch. Andere wiederum als ziemlich unpraktisch.

Wie man es dreht und wendet, an einer Tatsache kommt keiner vorbei: Die nichteheliche Lebensgemeinschaft wirft eine Menge rechtlicher Fragen auf. Das reicht von beruflichen Dingen über Haushalt und Wohnung bis zu gemeinsamen Kindern, Unterhalt und Erbrecht. Kann man, ja muß man „wilde Ehen" wie normale „Ehen" behandeln? Was kann ich als Partner in einer nichtehelichen Lebensgemeinschaft beanspruchen? Wo kann ich in Anspruch genommen werden? Wo nicht? Welche Rechte habe ich und worauf muß ich achten? An vieles sollte man bereits denken, bevor man eine so intensive Partnerschaft eingeht. Viele Fragen tauchen auch erst im Laufe des Zusammenlebens auf. Und ein Berg von juristischen Problemen ergibt sich erst oft aus der Trennung einer nichtehelichen Lebensgemeinschaft. Vieles ist dabei anders als bei Ehen.

Sie sollten sich deshalb frühzeitig mit den Rechtsproblemen einer Partnerschaft befassen, um es gar nicht erst soweit kommen zu lassen und – wenn es dann doch einmal passiert ist – wenigstens zu wissen, woran man ist und was zu tun ist. Hilfestellung dabei gibt Ihnen das vorliegende Buch, das bewußt auf die Bedürfnisse des juristischen Laien zugeschnitten ist und exemplarisch die wichtigsten Themen – immer hart an der neuesten Gesetzgebung und Rechtsprechung – behandelt. Sämtliche Namen und Bezeichnungen sind dabei frei erfunden. Ähnlichkeiten mit tatsächlich existierenden Personen sind rein zufällig.

Schnellübersicht

Ausführliche Informationen zum Inhalt finden Sie vor den einzelnen Kapiteln auf Extra-Seiten.

Abkürzungen

A

Abs.	Absatz
AFG	Arbeitsförderungsgesetz
AG	Amtsgericht
Art.	Artikel
AVB	Allgemeine Versicherungsbedingungen
Az.	Aktenzeichen

B

BAFöG	Bundesausbildungsförderungsgesetz
BAG	Bundesarbeitsgericht
BAGE	Amtliche Entscheidungssammlung des Bundesarbeitsgerichts
BAT	Bundesangestelltentarifvertrag
Bd.	Band
BeamtVG	Beamtenversorgungsgesetz
BErzGG	Bundeserziehungsgeldgesetz
Bf.	Beschwerdeführer
BGBl.	Bundesgesetzblatt
BGH	Bundesgerichtshof
BGHZ	Entscheidungen des Bundesgerichtshofs in Zivilsachen
BSHG	Bundessozialhilfegesetz
BVerfG	Bundesverfassungsgericht

D

d. Red.	die Redaktion

E

EStG	Einkommensteuergesetz

F

FamRZ	Zeitschrift für das gesamte Familienrecht

	G
GG	Grundgesetz
GmbH	Gesellschaft mit beschränkter Haftung
	J
JWG	Gesetz für Jugendwohlfahrt
	K
KostO	Kostenordnung
	L
LAG	Landesarbeitsgericht
LG	Landgericht
	M
MDR	Monatsschrift des Deutschen Rechts
	N
NJW	Neue Juristische Wochenschrift
	O
OHG	Offene Handelsgesellschaft
OLG	Oberlandesgericht
	R
RVO	Reichsversicherungsordnung
	Z
Ziff.	Ziffer
Zit.	Zitat
ZPO	Zivilprozeßordnung

Hinweis:

Verlag und Autoren freuen sich stets über Anregungen und Kritik und versuchen, soviel wie möglich in späteren Auflagen zu berücksichtigen. Beratung und Auskünfte im konkreten Einzelfall sind nach dem Rechtsberatungsgesetz leider nicht möglich. In Fällen persönlicher Rechtsstreitigkeiten sollten Sie sich an einen Rechtsanwalt oder eine öffentliche Beratungsstelle wenden.

Einführung

Nichteheliche Lebensgemeinschaft und Ehe

Die nichteheliche Lebensgemeinschaft, landläufig auch „Ehe ohne Trauschein“ genannt, ist ein immer häufiger in Erscheinung tretendes Phänomen. Die Ehe hat für viele Menschen in unserem modernen Zeitalter als familiäre Einrichtung an Bedeutung verloren. Das Zusammenleben von Frau und Mann hat sich von der Institution Ehe emanzipiert. Heute leben in Deutschland bereits etwa zwei Millionen Menschen eheähnlich zusammen, ohne eine Ehe zu führen. Dabei unterscheiden sie sich von Ehepaaren meist nur dadurch, daß sie keinen Trauschein besitzen – und daß sie rechtlich anders behandelt werden.

„Ehe und Familie stehen unter dem besonderen Schutz der staatlichen Ordnung“, heißt es in Art. 6 Abs. 1 unseres Grundgesetzes.*) Dieser Leitsatz rechtlichen Handelns bezieht sich aber nach Auffassung der höchsten Gerichte, wie auch der Gesetzgebung nicht auf die nichteheliche Lebensgemeinschaft. Ein „besonderer Schutz“ steht ihr nach Meinung der meisten Juristen nicht zu. Wie aber ist es mit einem einfachen Schutz? Werden die eheähnlich zusammenlebenden Paare gesetzlich berücksichtigt? Gibt es gesetzliche Vorschriften, die dafür sorgen, daß sie, wenn schon nicht bevorzugt, so doch wenigstens nicht benachteiligt werden? Ja, unternimmt der Gesetzgeber, unternimmt der Staat angesichts der zunehmenden Zahl von nichtehelichen Lebensgemeinschaften überhaupt etwas?

---

*) Vgl. „Verfassungsrecht / Allgemeines Verwaltungsrecht“, Walhalla Fachverlag, Bd. Nr. 3531

Gesetze für die nichteheliche Lebensgemeinschaft

Alle diese Fragen muß man derzeit wohl mit einem glatten „Nein“ beantworten. In der Tat gibt es weder gesetzliche Bestimmungen, die sich überhaupt mit dem eheähnlichen Zusammenleben befassen, noch ist irgend etwas von Seiten des Gesetzgebers in Vorbereitung.

Dabei wird seit Jahren immer und immer wieder und gerade in letzter Zeit verstärkt die Forderung erhoben, man müsse die nichteheliche Lebensgemeinschaft endlich auch gesetzlich berücksichtigen. Im Jahr 1988 hat sich sogar der Deutsche Juristentag ausgiebig mit der Frage befaßt „Empfiehlt es sich, die rechtlichen Fragen der nichtehelichen Lebensgemeinschaft gesetzlich zu regeln?“ Doch ist ein Durchbruch bislang noch nicht erzielt worden.

In diesem Falle ist das Hauptargument der Gegner von gesetzlichen Regelungen, daß es den Partnern einer nichtehelichen Lebensgemeinschaft ja freistünde, eine Ehe einzugehen, für die gesetzlich alles bestens geregelt sei. Wenn die Partner jedoch die „Ehe ohne Trauschein“ der echten Ehe vorzögen, so zeige dies nur, daß sie sich einer solchen gesetzlichen Regelung nicht unterziehen wollen. Oder schöner ausgedrückt: nichteheliche Lebensgemeinschaften entscheiden sich bewußt für ein Zusammenleben ohne staatliche Zwänge.

Sicherlich spricht vieles für dieses Argument. Wo die Menschen keine Gesetze wollen, da sollte sich der Gesetzgeber nicht einmischen. Es spricht jedoch auch eine Menge gegen die Ansicht, eheähnliche Paare bräuchten keine gesetzlichen Regelungen. Die Meinung, die von den Befürwortern eines Gesetzes für Paare ohne Trauschein vertreten wird, geht dahin, daß feste Vorschriften nämlich in allererster Linie Schutzcharakter haben, und deshalb vonnöten sind, weil die Partner mangels eines festen rechtlichen Rahmens oft in große Schwierigkeiten geraten, wie es bei Ehepartnern nicht der Fall ist, oder weil sie diesen gegenüber stark benachteiligt sind. Das kann z. B. der Fall sein, weil es keinen Schutz gibt bei einer Trennung (Stichwort: Unterhalt für die Hausfrau/den Hausmann) oder weil Ansprüche nicht auf den anderen übergehen (Stichwort: Witwenrente), das kann sein im Beruf (Stichwort: Ortszuschläge nur für „Verheiratete") oder im Kindschaftsrecht (Stichwort: „Rechtlosigkeit" des nichtehelichen Vaters). Diese und eine Menge mehr triftige Gründe sprechen dafür, daß zumindest teilweise auch für nichteheliche Lebensgemeinschaften gesetzliche Vorschriften erlassen werden sollten.

Ein zentrales Thema: Die Rechtsprechung

Solange es solche Vorschriften nicht gibt, ist alles was nichtehelichen Paaren bleibt, um sich über ihre Rechte und Pflichten aufzuklären, ein Blick auf die Rechtsprechung, die gerade zu diesem Thema rapide zunimmt. Wie behandeln die Richter die Fälle, in denen Partner einer eheähnlichen Lebensgemeinschaft vor Gericht stehen? Auch wenn gerade durch das Fehlen von gesetzlichen Vorschriften der rechtlichen Ungleichheit Tür und Tor geöffnet wird (das eine Gericht entscheidet so, das andere anders), so gilt doch für nichteheliche Lebensgemeinschaften zumindest ein Grundsatz, der praktisch ungebrochen ist: Dort, wo Ehepaare besser gestellt werden, als Einzelpersonen, gilt das Recht der Ehepaare für nichteheliche Lebensgemeinschaften nicht (z. B. Steuerrecht: „Ehegattensplitting"). Dort wo Ehepaare schlechter gestellt werden, dagegen schon (z. B. Sozialhilfe: Hier wird sowohl das Einkommen eines Ehegatten, als auch das Einkommen eines nichtehelichen Partners angerechnet).

Angesichts solcher Ungleichbehandlungen kann es eigentlich nur noch eine Frage der Zeit sein, bis sich die Befürworter einer gesetzlichen Regelung laut genug durchsetzen, um endlich doch noch ein „Gesetz zur Regelung der nichtehelichen Lebensgemeinschaften" zu erwirken.

Regelungen im Ausland

Ein Blick über die Grenzen zeigt, daß solche Gesetze möglich und sinnvoll sind. In Schweden z. B. wird die Diskussion über die rechtliche Behandlung nichtehelicher Lebensgemeinschaften schon erheblich länger (und auch intensiver) geführt als bei uns, und das nicht ohne Grund: Der soziale Musterstaat Schweden und die vermeintliche „Freizügigkeit" der skandinavischen Länder führten zu einer hohen Rate von „wilden Ehen" und zu einer extrem hohen Zahl nichtehelicher Kinder (heute ist fast jeder zweite neugeborene Schwede ein Kind unverheirateter Eltern). Was wunder, haben es doch die Schweden auf diesem Gebiet vielfach leichter als vergleichbare deutsche Paare. Ihre Regierung bemüht sich nämlich schon seit Jahren, nichteheliche Lebensgemeinschaften der Ehe gleichzusetzen. – Und zwar auch mittels Gesetzen. Am 1. Januar 1988 ist in Schweden ein neues Gesetz zur Regelung der nichtehelichen Lebensgemeinschaft in Kraft getreten. Es regelt Fragen über die gemeinsame Wohnung und den Hausrat. Dabei wird unter anderem die Verfügungsgewalt des einzelnen Partners an diesen Gegenständen festgelegt und die Frage der Aufteilung im Trennungsfall behandelt. Will z. B. ein Partner einen Teil des Hausrats verkaufen, so darf er dies nur mit Einwilligung seines Lebensgefährten. Bei einer Trennung wird der Wert des gemeinsamen Hausrats und der gemeinsam angeschafften Wohnung geteilt. Sonstiges Eigentum (z. B. das Auto oder ein nur einem von beiden gehörendes Ferienhaus) wird nicht geteilt. Äußerst interessant und nach hiesigen Maßstäben geradezu delikat: Durch eine Zusatzregelung wird dieses Gesetz auch auf homosexuelle Paare ausgedehnt. Ein Aspekt, der für die Bundesrepublik Deutschland noch völlig futuristisch ist. Außerdem gilt in Schweden: Unverheiratete Elternteile können – auch wenn sie nicht zusammenleben – problemlos ein gemeinsames Sorgerecht für gemeinsame Kinder beantragen; steuer- und sozialrechtlich werden nichteheliche Lebensgemeinschaften zunehmend ehelichen Gemeinschaften angepaßt.

Schweden ist allerdings nicht auf allen Gebieten der „Ehe ohne Trauschein" Vorreiter. Wer eine vernünftige Regelung des Erbrechts der nichtehelichen Lebensgemeinschaft sucht, muß seinen Blick schon weiter schweifen lassen. Zum Beispiel nach Israel. Dort wurde nichtehelichen Partnern bereits 1965 (!) ein gesetzliches Erbrecht eingeräumt. Außerdem findet man dort auch diverse sozialrechtliche Regelungen, die die nichteheliche Partnerin im Falle des Todes ihres Lebensgefährten schützen (z. B. im Gesetz über die Opfer feindlicher Aktionen von 1979, das Unterhaltsansprüche gegen den Staat begründet). Der Grund für diese fortschrittlichen Regelungen hängt allerdings in diesem Falle vor allem mit der Vielzahl der in Israel stark vertretenen Glaubensrichtungen zusammen: Das religiöse Recht der in Israel lebenden Juden, Moslems, Christen und Drusen kennt viele Ehehindernisse, die dazu führen, daß viele Paare unverheiratet zusammenleben. (Aus diesem Grund hat

Israel übrigens auch auf die Einführung der Zivilehe verzichtet. Das heißt die Ehe ist dort – wie in Deutschland vor Bismarck – ein rein religiöser Bund.) Auch bei der Regelung des Sorgerechts ist Israel eigene Wege gegangen. Der Vater ist dann sorgeberechtigt, wenn er die Vaterschaft anerkannt und den Unterhaltsverpflichtungen nachkommt. Basta.

In Großbritannien wird dem überlebenden Partner, der vor dem Tod seines Lebensgefährten von ihm Unterhalt bekommen hat, dieser aus dem Nachlaß gewährt (von den Erben zu zahlen).

In Teilen Kanadas ist ein fünfjähriges Zusammenleben erforderlich, um nach der Trennung Unterhalt fordern zu können.

Eine besondere Entwicklung zeichnet sich in Dänemark ab. Dort trat am 1. 10. 1989 ein Gesetz in Kraft, das sogar homosexuelle Paare in vielen Bereichen Ehepaaren gleichstellt. Voraussetzung dafür ist, daß sich diese registrieren lassen. Die Gleichstellung geht dann soweit, daß sogar eine Bestrafung wegen Bigamie durchaus als möglich erscheint. Abweichungen vom Eherecht sind hier vor allem beim Sorgerecht und der Adoption von Kindern zu verzeichnen.

Zusammenfassend kann gesagt werden, daß es eine Anzahl von Ländern gibt, die bei der rechtlichen Behandlung der nichtehelichen Lebensgemeinschaft viel weiter forgeschritten sind als wir. Der Gesetzgeber könnte aus deren Erfahrungen profitieren und eine tragbare Regelung treffen, anstatt sich unter Berufung auf Art. 6 Abs. 1 des Grundgesetzes von jeglicher Verantwortung entbunden zu fühlen. Kaum ein Bereich, in dem der Staat nicht glaubt, seine Bürger bevormunden zu müssen: in einer so existenziellen Frage der Rechtssicherheit und der sozialen Sicherheit aber wird lamentiert und moralisiert anstatt entschieden.

Ihre Rechte als Mieter

1

Aufnahme des Partners in die Mietwohnung

Es ist nicht unbedingt der Normalfall, daß zuerst zwei Partner sich finden und beide sich dann gemeinsam auf die Suche nach einer Wohnung begeben. Vielmehr ist es meist so, daß zumindest einer von beiden bereits eine Wohnung hat und die Partnerin/der Partner bei ihm einziehen möchte. Deshalb stellt sich für viele unverheiratete Partner die Frage:

„Darf ich meine Partnerin/meinen Partner in meine Wohnung aufnehmen?"

Diese Frage war lange Zeit umstritten. Schließlich handelt es sich dabei auch um ein Problem der sogenannten Sittenwidrigkeit. Und wenn es um die guten Sitten geht, scheiden sich bekanntlich die Geister. So waren viele Vermieter aufs Äußerste bedacht, nichts auf den „guten Ruf" ihres Mietshauses kommen zu lassen und solche „unzüchtigen Verhältnisse" zu unterbinden.

Immer wieder wurden die Gerichte bemüht. Auch hier entwickelte sich die Streitfrage „Aufnahmerecht ja oder nein?" zunächst recht uneinheitlich. Der gordische Knoten wurde schließlich durch ein Urteil des Bundesgerichtshof (NJW 1982, S. 1868) zugunsten der nichtehelichen Partner zerschlagen.

„Eine allgemeingültige Auffassung, wonach das Zusammenleben unverheirateter Personen gleichen oder verschiedenen Geschlechts zu zweit in einer eheähnlichen Lebensgemeinschaft ... sittlich anstößig sei, läßt sich heute nicht mehr feststellen", so das Gericht.

Danach war klar: Das Zusammenleben unverheirateter Partner in einer Wohnung ist nicht unsittlich. Die

Frage, ob der Vermieter die Aufnahme eines nichtehelichen Partners in die Wohnung dulden muß, war damit aber noch nicht beantwortet. Schließlich muß der Vermieter in seiner Wohnung ja nicht unbedingt alles dulden, was nicht unsittlich ist.

Auch hier hat die Rechtsprechung – abermals der Bundesgerichtshof als höchste Instanz – zugunsten der nichtehelichen Lebensgemeinschaften entschieden. In seinem 5-Punkte-Leitsatz stellte das Gericht sinngemäß fest:

1. *Der Mieter darf Dritte in die Wohnung aufnehmen, wenn er dafür vernünftige, nachvollziehbare Gründe hat.*
2. *Der Vermieter hat ein Recht darauf, zu erfahren, wer die aufgenommene Person ist, welchen Beruf sie ausübt und welcher Art das Zusammenleben in der Wohnung sein soll.*
3. *Man darf den Vermieter nicht hintergehen, indem man alleine einen Mietvertrag mit ihm abschließt, wenn man bei Vertragsschluß schon weiß, daß man den Partner aufnehmen möchte. Der Vermieter hat ein Recht darauf, zu wissen, mit wem er wirklich einen Vertrag eingeht. Der Mieter ist verpflichtet, bei Aufnahme einer weiteren Person zu begründen, „daß es Veränderungen in seiner persönlichen Situation im Vergleich zu derjenigen ... bei Abschluß des Mietvertrages“ gegeben hat.*
4. *Falls der Mieter versucht, den Vermieter auf diese Art zu hintergehen, kann der Vermieter die Aufnahme von weiteren Personen verbieten. Außerdem kann er eine Aufnahme untersagen, wenn die Wohnung dadurch überbelastet würde oder der Partner für ihn unzumutbar ist.*
5. *Ob die Gründe des Mieters für eine Aufnahme oder die des Vermieters gegen eine Aufnahme hieb- und*

stichfest sind, muß letztendlich je nach Einzelfall entschieden werden.

Bleibt die Frage: „Wonach richtet sich, was im Einzelfall zu entscheiden ist?“

Zunächst einmal kommt es auf den Mietvertrag an. Wenn darin vereinbart ist, daß die Aufnahme weiterer Personen grundsätzlich erlaubt ist, ist man als Mieter fein raus. In der Praxis kommt eine solche Klausel allerdings selten vor. Wenn Sie jedoch einen Mietvertrag eingehen und nicht sicher sind, daß Sie für den Fall des Falles gleich vor den Traualtar wollen, sollten Sie eine solche Vereinbarung wenn irgend möglich am besten gleich einbringen, denn auch hier gilt: Wer vorsorgt, hält sich späteren Ärger vom Hals. In der Praxis kommt es häufiger vor, daß im Mietvertrag eine Klausel steht, wonach es dem Mieter sogar ausdrücklich verboten ist, weitere Personen in die Wohnung aufzunehmen. Trotzdem gilt in diesem Fall, was im Gesetz steht. Die einschlägige Vorschrift ist § 549 BGB.*) Dieser besagt sinngemäß:

— Der Mieter braucht die Erlaubnis des Vermieters, wenn er weitere Personen in die Wohnung mitaufnehmen will. Gibt ihm der Vermieter die Erlaubnis unbegründeterweise nicht, so hat der Mieter das Recht zur ordentlichen Kündigung des Mietvertrages.

— Der Mieter kann vom Vermieter die Erlaubnis verlangen, wenn er ein berechtigtes Interesse an der Aufnahme hat, außer wenn dem Vermieter die Erlaubnis nicht zugemutet werden kann, weil ein wichtiger Grund für die Verweigerung der Erlaub-

---

*) Vgl. „Bürgerliches Recht: BGB mit Einführungsgesetz“, Walhalla Fachverlag, Bd. Nr. 3532

nis vorliegt. Unter Umständen kann der Vermieter auch eine angemessene Mieterhöhung verlangen.

Ein wichtiger Grund für die Verweigerung der Erlaubnis ist nach dem Gesetz z. B. die Überbelegung der Wohnung durch die Aufnahme weiterer Personen. Was die Unzumutbarkeit betrifft, hat das Oberlandesgericht Hamm (Urteil vom 17. 4. 1982, AZ 4 ReMiet 1/82) in einem grundlegenden Rechtsentscheid entschieden:

„Unzumutbar kann für den Vermieter z. B. die Aufnahme einer bestimmten Person dann sein, wenn er selbst mit dem Mieter im gleichen Hause wohnt und der aufzunehmende Untermieter einen schlechten Einfluß auf seine Kinder ausüben könnte. Heutzutage ist es kaum mehr vertretbar, eine Untervermietung als unzumutbar zu verweigern, nur weil der Mieter mit der aufzunehmenden Person z. B. in einer nichtehelichen Lebensgemeinschaft leben möchte."

Wenn Sie die Partnerin/den Partner in ihre Wohnung aufnehmen wollen, melden Sie dies unbedingt gleich dem Vermieter. Auch wenn viele Vermieter es gar nicht merken, ist doch das Risiko, das Sie sonst eingehen, zu groß. Denn die Aufnahme weiterer Personen stellt einen „vertragswidrigen Gebrauch" der Mietwohnung gemäß § 553 BGB dar, den der Vermieter abmahnen kann. Wenn Sie dann nicht umgehend reagieren, d. h., wenn die Partnerin/der Partner nicht umgehend auszieht, kann Ihnen eine Kündigung ins Haus flattern.

Dagegen ist doch die Wahrscheinlichkeit, daß der Vermieter die Aufnahme genehmigen muß, in den meisten Fällen sehr groß.

Sind Sie erst einmal bei Ihrem Partner eingezogen und muß der Vermieter dies auch dulden, so ist das trotzdem noch keine Garantie dafür, daß Sie bleiben dürfen. Wenn die Beziehung in die Brüche geht oder der Partner stirbt, dann verändert sich Ihre Lage immerhin ganz grundlegend.

Trennung

Leider das Schicksal vieler – ehelicher wie nichtehelicher – Partnerschaften: eines Tages gibt's den großen Knall und beide wissen, daß sie nicht mehr länger zusammenleben können und wollen. Einer von beiden muß ausziehen. Wie ist die Rechtslage?

Wenn Sie mit Zustimmung des Vermieters in den Mietvertrag eingetreten sind, dann ergeben sich Ihre Rechte direkt aus dem Vertrag. Auf Ihren (Ex-)Partner sind Sie in diesem Fall nicht mehr angewiesen. Ihr Recht zum Besitz und Gebrauch der Wohnung leiten Sie dann ja direkt vom Vermieter ab. Also kann Ihr ehemaliger Lebensgefährte Sie auch nicht vor die Tür setzen.

In der Mehrzahl der Fälle ist jedoch der Partner dem Mietvertrag nicht beigetreten, was zur Folge hat, daß seine Position wesentlich schlechter ist. Rechte aus einem Mietvertrag können nämlich grundsätzlich nur von den Vertragsparteien geltend gemacht werden. Ausnahmen gibt es nur in bezug auf besondere Schutzpflichten des Vermieters, bei deren Verletzung unter Umständen auch Dritte Ansprüche gegen den Vermieter geltend machen können. Allein durch den Einzug in die von Ihrem Lebensgefährten gemietete Wohnung erhalten Sie aber noch keine eigene Rechtsposition gegenüber dem Vermieter. Ihre Berechtigung zu Mitbesitz und Mitgebrauch der Wohnung beruht lediglich auf der Erlaubnis Ihres Lebensgefährten – und die ist jederzeit widerruflich. Das heißt, daß Ihr Partner jederzeit von Ihnen die Räumung der Wohnung verlangen kann. Wollen Sie dieses Risiko vermeiden, dann gibt es nur zwei Möglichkeiten:

— Entweder Sie treten dem Mietvertrag bei (Voraussetzung dafür ist aber natürlich, daß nicht nur Ihr Lebensgefährte, sondern auch der Vermieter damit einverstanden ist)
— oder Sie treffen eine ganz individuelle Vereinbarung mit Ihrem Partner (diese könnte dann z. B. so aussehen, daß Sie im Falle der Trennung für eine bestimmte Übergangszeit in der Wohnung bleiben dürfen), so daß Ihnen wenigstens die nötige Zeit bleibt, sich nach einer geeigneten Unterkunft umzusehen. (Achtung: Solche Dinge immer schriftlich festhalten!)

Tod eines Partners

Was wird aus der gemeinsamen Wohnung, wenn Ihr Partner stirbt? Nun, das hängt zunächst einmal davon ab, ob Sie Mieter sind oder nicht. Waren Sie von vornherein Mieter, dann ändert sich für Sie an dem Mietverhältnis gar nichts. Aber auch, wenn Sie dem Mietvertrag erst nachträglich beigetreten sind (weil Sie zu Ihrem Lebensgefährten in dessen Wohnung gezogen sind), brauchen Sie nichts zu befürchten: in diesem Falle wird das Mietverhältnis grundsätzlich mit Ihnen fortgesetzt. Problematischer liegt der Sachverhalt, wenn Sie den Mietvertrag weder selbst abgeschlossen haben noch ihm später beigetreten sind.

Mangels einer vertraglichen Regelung mit dem Vermieter müßten Sie eigentlich die Wohnung räumen. Das wäre der normale Fortgang der Dinge. Ausnahme: Als Ehegatte oder Verwandter könnten Sie das Mietverhältnis mit dem Vermieter problemlos fortsetzen – automatisch. Der Vermieter wäre gesetzlich dazu verpflichtet, das Mietverhältnis mit Ihnen fortzusetzen. Das ergibt sich aus § 569a BGB. Dort ist aber nur die Rede von Ehegatten und Verwandten. Heißt das, daß Sie sich auf die Vorschrift nicht berufen können?

Tatsächlich haben mehrere Gerichte, die mit solchen Fällen bislang befaßt waren, abgelehnt, den Schutz des § 569a BGB auf nichteheliche Lebensgefährten zu beziehen. So stellte etwa das Landgericht Karlsruhe in seinem Urteil vom 23. 10. 1981 (Fam RZ 1982, S. 599) fest: *„Ein mit dem Mieter in nichtehelicher Lebensgemeinschaft sich befindender Hausangehöriger tritt mit dem Tode des Mieters nicht in das Mietverhältnis ein.“* Dabei verwiesen die Richter zur Begründung auf den Wortlaut des § 569a Abs. 2 BGB: Der Beklagte (d. h. der nichteheliche Lebensgefährte; d. Red.) könne einfach nicht als „Familienangehöriger“ im Sinne dieser Vorschrift angesehen werden. *„Mit der völlig herrschenden Meinung“*, so das Gericht wörtlich, *„ist die Kammer der Auffassung, daß der ohne verwandtschaftliche Bindung mit dem Mieter Zusammenwohnende auch bei weiter Auslegung nicht als Familienangehöriger angesehen werden kann.“* Basta.

Nun ist seit dieser Entscheidung einige Zeit ins Feld gegangen – und mancher Richter denkt heute nicht mehr so antiquiert wie noch vor zehn Jahren. Das zeigt sich unter anderem darin, daß man in der Frage, ob § 569a Abs. 2 BGB auch für nichteheliche Lebensgefährten gelten solle, inzwischen wesentlich aufgeschlossenere Ansichten finden kann. – Und das schlägt sich auch in Gerichtsentscheidungen nieder.

Das Landgericht Hannover hat beispielsweise bereits in einem Beschluß vom 31. 7. 1985 (FamRZ 1985,

S. 1255) entschieden, daß nach dem Sinn und Zweck des Gesetzes auch ein Eintritt des hinterbliebenen nichtehelichen Partners in das Mietverhältnis geboten sein kann und das Oberlandesgericht Saarbrücken hat diese positive Tendenz mit seinem Rechtsentscheid vom 6. 3. 1991 (FamRZ 1991, S. 1182) bestätigt:

„§ 569a Abs. 2 BGB, wonach Familienangehörige unter bestimmten Voraussetzungen mit dem Tode des Mieters in das Mietverhältnis eintreten, ist auf die Partnerin (den Partner) einer nichtehelichen Lebensgemeinschaft anwendbar, wenn die nichteheliche Lebensgemeinschaft mit dem verstorbenen Mieter auf Dauer angelegt und beide Teile unverheiratet waren.“

Eine Ausdehnung des § 569a Abs. 2 BGB auch auf „Ehen ohne Trauschein“ schien den Richtern also durchaus gangbar. Aber eben nur unter zwei Bedingungen:

1. Die Lebensgemeinschaft muß auch auf Dauer angelegt worden sein. Da stellt sich natürlich die Frage: Wann ist eine nichteheliche Lebensgemeinschaft „auf Dauer angelegt“? Ist denn das nicht immer der Fall? Hierzu das Gericht: *„Ein hinreichendes Indiz für eine auf Dauer angelegte Lebensgemeinschaft kann z. B. sein, daß diese bei dem Tode des Mieters schon längere Zeit bestanden hat oder daß auf lange Nutzungsdauer berechnete gemeinsame Investitionen in die Mietwohnung vorgenommen worden sind. Zu einer auf Dauer angelegten Lebensgemeinschaft werden – abgesehen von der Führung eines gemeinsamen Hausstandes – neben einer Intimgemeinschaft insbesondere auch eine auf unbestimmte Zeit angelegte eheähnliche Wirtschaftsgemeinschaft sowie die überwiegend gemeinsame Gestaltung des Privatlebens und insbe-*

sondere die solidarische Übernahme der mit dem gemeinsamen Leben verbundenen Kosten und Lasten durch beide Partner gehören.“

Die Richter haben sich also eine Menge Arbeit gemacht, genau festzulegen, wann eine „auf Dauer angelegte“ Lebensgemeinschaft vorliegt. Allerdings dürften die oben genannten Kriterien ja wohl in den meisten Fällen vorliegen, vermutlich auch in Ihrem Fall, weshalb auch Sie wohl einen Anspruch aus § 569a Abs. 2 BGB auf Fortsetzung des Mietverhältnisses haben dürften.

2. Keiner der Partner darf ferner verheiratet sein. Durch die nichteheliche Lebensgemeinschaft nämlich würde die Verpflichtung zur ehelichen Lebensgemeinschaft (§ 1353 BGB) verletzt, was dem – immerhin sogar grundgesetzlich festgelegten – Schutz der Ehe widersprechen würde. Dieser Schutz hat im Zweifel also Vorrang vor einer Begünstigung der Partner einer nichtehelichen Lebensgemeinschaft. Ob dies so seine Richtigkeit hat, kann zwar bezweifelt werden. Immerhin aber handelt es sich ja um eine Entscheidung eines der obersten Gerichte, so daß mit einer Fortführung dieser Einschränkung auch bei anderen Gerichten durchaus gerechnet werden muß.

Auch das Bundesverfassungsgericht befaßte sich übrigens schon mit dieser Problematik. In ihrem Beschluß vom 3. 4. 1990 sahen die obersten Richter in der analogen Anwendung des § 569a Abs. 2 BGB auf die nichteheliche Lebensgemeinschaft keinen Verstoß gegen das Grundgesetz.

Zusammenfassend kann jedenfalls gesagt werden, daß die neuere Rechtsprechung dazu tendiert, nicht nur Ehegatten, sondern auch nichtehelichen Lebensgefährten nach dem Tod des Partners ein Bleiberecht in der Wohnung zuzugestehen. Unter den Voraussetzungen, daß weder Sie, noch Ihr Lebensgefährte verheiratet sind und Ihre Lebensgemeinschaft auf Dauer angelegt ist, haben Sie also im Falle des Todes Ihres Partners zumindest berechtigte Aussichten auf Fortsetzung des Mietverhältnisses mit Ihnen als Mieter. – Dadurch wird auch das Problem, daß der Vermieter vielleicht mit Ihrem Eintritt in den Mietvertrag nicht einverstanden ist, in bezug auf den Tod Ihres Lebensgefährten beseitigt. Denn dann muß der Vermieter mit Ihnen den Mietvertrag fortsetzen, ob er will oder nicht.

Ansprüche des Vermieters

In den Mietvertrag eintreten, das heißt Sicherheit – Sicherheit, daß Sie im Falle einer Trennung von Ihrem Partner nicht vor die Tür gesetzt werden. Es bedeutet aber auch Pflichten auf sich zu nehmen. Denn: Wenn Sie in den Mietvertrag eintreten, dann haften Sie auf Zahlung der Miete. Der Vermieter kann die Zahlung der vollen Miete von Ihnen verlangen. Wenn es ihm lieber ist, kann er sogar überhaupt nur Sie in Anspruch nehmen, egal, ob bei Ihrem Partner, der ja schon vorher Mieter war, etwas zu holen ist oder nicht.

Außerdem fallen alle Sachen (Schmuck, Videorecorder, Hifianlage etc.), die Sie in die Wohnung eingebracht haben, unter das Vermieterpfandrecht gemäß § 559 BGB. Das heißt, wenn Sie einmal in Zahlungsschwierigkeiten kommen sollten, dann dienen alle Ihre in der Wohnung befindlichen Sachen der Sicherung der Forderungen des Vermieters. Er kann Ihnen verbieten, sie aus der Wohnung fortzuschaffen, bis Sie Ihre Schulden bezahlt haben, und er kann sie letztendlich sogar pfänden lassen.

Sind Sie allerdings nicht in den Mietvertrag eingetreten, so unterliegen Ihre Sachen auch nicht dem Vermieterpfandrecht, das heißt der Vermieter hat keinen Zugriff darauf. Natürlich haften Sie dann auch nicht auf die Zahlung der Miete.

Das Wichtigste auf einen Blick

- In der Regel kann der Mieter einer Wohnung den nichtehelichen Partner dort einziehen lassen.
- Durch Eintritt in den Mietvertrag erlangt der nichteheliche Partner eine gesicherte Rechtsposition. Er haftet aber auch voll für alle Ansprüche des Vermieters aus dem Mietvertrag.
- Ist ein Beitritt zum Mietvertrag nicht möglich, so empfiehlt sich zumindest eine Vereinbarung zwischen den Partnern, wonach im Trennungsfall demjenigen, der nicht Mieter ist, eine angemessene Frist für die Räumung der Wohnung eingeräumt wird.
- Beim Tod des Partners, der die Wohnung allein gemietet hat, bestehen gute Aussichten für seinen Lebensgefährten, das Mietverhältnis fortsetzen zu dürfen.

Ihre Rechte im Haushalt

2

Eine nichteheliche Lebensgemeinschaft zeichnet sich nicht zuletzt dadurch aus, daß sie im Grunde kaum anders geführt wird als eine Ehe. Das bedeutet in vielen Fällen, daß einer der Partner (zumeist „natürlich" die Frau) vorwiegend den Haushalt versorgt und der andere vorwiegend für's Geldverdienen zuständig ist.

In jeder normalen „Ehe", ob mit oder ohne Trauschein, hat das nicht unbedingt Schwierigkeiten zur Folge. Ein Teil des Einkommens wird eben für die Haushaltsführung ausgegeben, ein Teil für Miete, Auto, Versicherungen etc. und ein Teil wird, wenn möglich, zur Seite gelegt. Das geht in vielen Fällen gut. Es geht aber leider in zu vielen Fällen auch daneben, nämlich regelmäßig dann, wenn die Lebensgemeinschaft zerbricht. Dann stellt sich immer wieder die Frage, was denn mit dem Ausgleich ist.

Ausgleich für Aufwendungen

Um es gleich vorwegzunehmen: einen Ausgleich der verschiedenen Aufwendungen für das tägliche Leben gibt es nicht. Das kann für viele nichteheliche Partner sehr bitter ausgehen. Und das tut es leider auch. Der klassische Fall, als „der Dumme" dazustehen, betrifft die Frau, die über Jahre hinweg den Haushalt geführt und vielleicht auch die Kinder betreut hat und nun, nachdem sich die Partner getrennt haben, mit leeren Händen dasteht, ohne Arbeit, ohne Geld (weil nämlich meistens auch alle Konten und Guthaben auf den Namen des Mannes laufen) und ohne Unterhaltsansprüche gegen den Mann. Dann taucht natürlich immer wieder die Frage auf, ob hier nicht das Recht helfen muß. Ist es doch bei Ehepaaren auch so, daß, wenn einer nur den Haushalt führt, er in der Regel trotzdem die Hälfte dessen bekommt, was sich im

Laufe der Ehe an „gemeinsamem“ Vermögen angesammelt hat, daß er also von Gesetzes wegen Anspruch auf einen sogenannten „Zugewinnausgleich“ hat, wenn nichts besonderes vereinbart war (will heißen „Gütertrennung“), weil ja schließlich durch seine Unterstützung im Haushalt der andere überhaupt erst in die Lage versetzt wurde, so ungehindert von den Widrigkeiten des täglichen Lebens das Geld zu verdienen.

Bei nichtehelichen Lebensgemeinschaften gilt dies leider nicht. So hat das Oberlandesgericht Frankfurt/M. in einem Beschluß vom 23.12. 1980 (FamRZ 1981, S. 253) festgestellt:
„Bei Beendigung einer eheähnlichen Lebensgemeinschaft entstehen grundsätzlich keine Ausgleichsansprüche wegen der von beiden Partnern geleisteten, das Übliche nicht übersteigenden Beiträge zur gemeinsamen Haushalts- und Lebensführung; die beiderseitigen Leistungen werden zum Zwecke des gemeinsamen Lebens und Wirtschaftens erbracht.“ Dabei wird „das Übliche“ ziemlich weitgehend verstanden.

Bleibt also z. B. einer von Ihnen zu Hause und betreut den Haushalt und eventuell die Kinder, dann ist er bei einer möglichen Trennung ziemlich schlecht gestellt: Ein Rentenanspruch besteht ohnehin nicht und Ansprüche gegen den ehemaligen Partner sind vor Gericht kaum durchzusetzen. Die Leistungen jedes Einzelnen, so die geltende Rechtsauffassung, erfolgen aufgrund der nichtehelichen Lebensgemeinschaft. Diese steht dabei so im Vordergrund, daß eine Aufrechnung des persönlich und wirtschaftlich Geleisteten nicht stattfinden soll. Deshalb sollten Sie („ohne damit den Teufel an die Wand zu malen“) am Anfang an ein mögliches Ende denken und eventuell Ihre Beziehung in dieser Hinsicht auch auf ein juristisches Fundament stellen. Zuwendungen und Unterhaltsverpflichtungen für den Fall der Trennung ein „Partnervertrag“ (siehe dazu im gleichnamigen 9. Kapitel S. 119) oder auch ein Arbeitsvertrag (siehe dazu im Kapitel „6. Beruf“ S. 77) können hier weiterhelfen. Auch eine Erbeinsetzung oder ein Vermächtnis im Erbvertrag ist unbedingt eine Überlegung wert. Allerdings müssen Sie dabei darauf achten, daß für bestimmte Zuwendungen bestimmte Formerfordernisse eingehalten werden müssen, z. B. die notarielle Beurkundung bei Schenkungen oder die handschriftliche Abfassung des Testaments. Außerdem kann Vorsicht geboten sein, damit eine Zuwendung nicht sittenwidrig und deshalb nichtig ist, falls der sie gewährende Partner verheiratet ist und/oder Kinder hat (siehe hierzu Kapitel „12. Erbrecht“ S. 155).

Was die Finanzierung des Haushalts anbelangt, sollten Sie darauf bedacht sein, die Belastungen möglichst gleichmäßig zu verteilen. Denn: Wer mehr leistet, hat in der Regel für den Betrag, den er mehr gezahlt hat, bei der Trennung keinen Ausgleichsanspruch.

Hausrat

Eine sehr bedeutende Rolle spielt dabei die Frage „Wem gehört der Hausrat? Und was geschieht mit ihm im Trennungsfall?“

Gegenstände, die Sie vor Eingehung der nichtehelichen Lebensgemeinschaft selbst erworben haben, verbleiben in Ihrem Eigentum. Kein Problem. Wie aber steht es bei Gegenständen, die Sie im Laufe Ihres Zusammenlebens anschaffen? Haben Sie auch Anspruch auf Dinge, die Sie nicht selbst bezahlt haben?

Wenn Sie einen Gegenstand für sich selbst von Ihrem eigenen Geld kaufen, dann gehört er Ihnen, und zwar allein. Daran ändert auch die nichteheliche Lebensgemeinschaft nichts. Dasselbe gilt in der Regel aber auch für Haushaltsgegenstände, die Sie zwar mit Ihren eigenen Mitteln erwerben, die aber dann gemeinsam benutzt werden. Das Landgericht Aachen hat zwar mit Urteil vom 8. 10. 1982 (FamRZ 1983, S. 61) entschieden, daß im Zweifel der Erwerb zu Bruchteilseigentum geschieht. Die neuere Rechtsprechung geht jedoch vom Gegenteil aus. So stellt z. B. das Oberlandesgericht Hamm mit Urteil vom 28. 9. 1988 (FamRZ 1989, S. 616) fest: *„Allein die Anschaffung eines Gegenstandes für den Haushalt einer nichtehelichen Lebensgemeinschaft mit den Mitteln eines Partners bedeutet in der Regel nicht, daß der Erwerb zu Miteigentum beider Partner erfolgen soll. ... Es ist vielmehr anzunehmen, daß der Partner einer eheähnlichen Lebensgemeinschaft, der Haushaltsgegenstände mit eigenen Mitteln anschafft, auch deren Eigentümer sein will.“* § 1357 BGB, der eine solche Auswirkung für Ehegatten vorsieht (Stichwort: Schlüsselgewalt), sei auf die eheähnliche Lebensgemeinschaft auch nicht entsprechend anwendbar.

Damit ist die Anschaffung eines Gegenstandes mit den Mitteln eines Partners ebenso wie die Tatsache, daß auf einer Rechnung oder in einem Vertrag nur der Name eines Partners genannt ist, rechtlich ein starkes Indiz dafür, daß der andere kein Miteigentum daran erworben hat. Was hier rechtlich so breitgetreten wird, bedeutet im Grunde nichts weiter als: Was Sie allein kaufen, das gehört Ihnen auch allein.

Anders ist es natürlich, wenn Sie gemeinsam eine Anschaffung machen: In diesem Fall erwirbt jeder Partner Miteigentum an dem angeschafften Gegenstand. Wenn Sie nichts anderes vereinbart haben, dann werden Sie Miteigentümer zu gleichen Teilen (§ 742 BGB).

Über Gegenstände, die in Ihrem Alleineigentum stehen, können Sie natürlich beliebig verfügen. Sind Sie allerdings nur Miteigentümer/in, dann greift § 747 BGB ein. Und das bedeutet folgendes: „Jeder Teilhaber kann über seinen Anteil verfügen. Über den gemeinschaftlichen Gegenstand im ganzen können die Teilhaber nur gemeinschaftlich verfügen." So steht es in § 747 BGB.

Das heißt z. B., daß Sie einen Fernsehapparat, den Sie gemeinsam gekauft haben, auch nur gemeinsam wieder verkaufen können, weil Sie einen Fernseher ja nur entweder ganz oder gar nicht veräußern können. Etwas anderes wäre es bei einem gemeinsam gekauften Kilo Äpfel. Da können Sie dann Ihr eigenes Pfund auch ohne die Zustimmung Ihres Partners wieder abgeben.

Bei der Trennung behält jeder sein Eigentum. Gegenstände, die in Ihrer beider Miteigentum stehen, werden entweder gemäß § 752 BGB geteilt (und zwar jeder einzelne Gegenstand für sich) oder, falls dies nicht möglich ist (siehe Fernsehapparat), verkauft. In diesem Fall wird dann gemäß § 753 BGB der Erlös geteilt.

Beispiel:

Felix Frei und Felicitas Frank haben sich gefunden. Sie ziehen zusammen, Felix bringt einen Fernsehapparat in die nichteheliche Lebensgemeinschaft mit, Felicitas ein Videogerät. Während Ihres Zusammenlebens kauft sich Felicitas Frank ein schönes Schmuckensemble. Felix Frei schafft sich eine Modelleisenbahn an. Gemeinsam erwerben sie außerdem ein Besteckservice und einen Wohnzimmerschrank. Weil sie Felix Freis Spielfilmauswahl nicht mehr aushalten kann, verläßt Felicitas Frank eines Tages ihren Lebensgefährten. Sie behält nach der Trennung ihr Videogerät und ihren Schmuck. Felix Frei behält den Fernsehapparat und die Modelleisenbahn. Das Eßbesteck wird geteilt. Den Wohnzimmerschrank jedoch kann man ohne den Einsatz einer Säge nicht teilen. Also wird er verkauft und der Erlös geteilt.

Die nichteheliche Lebensgemeinschaft zwischen Felicitas Frank und Felix Frei hat in diesem Fall nicht besonders lange gehalten. Die beiden haben sich in Ihrem Verlauf nur wenige Neuanschaffungen geleistet. Im richtigen Leben ist das meist anders. Wenn eine Partnerschaft nach Jahren auseinanderbricht, dann läßt sich oft nicht mehr feststellen, wer nun für wen und von welchem Geld gekauft hat. Deshalb kann es sich empfehlen, vertraglich festzuhalten, welche Gegenstände wem zuzuordnen sind.

Ein solcher Vertrag kann dann z. B. folgendermaßen aussehen:

Eigentumsvertrag

Felicitas Frank und Felix Frei vereinbaren hiermit folgendes:

1. An den nachfolgenden Gegenständen haben Felicitas Frank und Felix Frei gemeinsames Eigentum:
   a) Kühlschrank der Marke „Frosti''
   b) Waschmaschine der Marke „Spülfix''
   c) ...
   d) ...

2. An den nachfolgenden Gegenständen hat Felicitas Frank alleiniges Eigentum:
   a) Videorecorder der Marke „Glotz''
   b) Dampfbügelbrett der Marke „Zisch''
   c) ...

3. An den nachfolgenden Gegenständen hat Felix Frei alleiniges Eigentum:
   a) Farbfernseher der Marke „Optix''
   b) Fahrrad der Marke „Ökoflitzer''
   c) ...

München, den ....   Felicitas Frank
Felix Frei

Ein solcher Vertrag sollte vielleicht unter Mitwirkung eines Anwalts erfolgen und notariell beglaubigt werden. Er gilt übrigens nur für sogenannte „bewegliche Sachen", nicht hingegen für Immobilien.

Ihre Rechte bei Bankangelegenheiten

3

Gemeinsames oder getrenntes Konto

Gemeinsame Interessen, gemeinsame Wohnung, gemeinsames Konto? Sie können sowohl getrennte als auch gemeinsame Konten errichten. Getrennte Konten haben vor allem einen großen Vorteil: Jeder von Ihnen bleibt Herr über sein eigenes Guthaben, der Partner hat nur dann Zugriff auf Ihre Finanzen, wenn Sie ihm eine Vollmacht erteilen. So können Streitigkeiten um das liebe Geld nach, vor allem aber auch während des Zusammenlebens vermieden werden. Andererseits liegen die Nachteile getrennter Konten auf der Hand: Ohne Vollmacht des Kontoinhabers kann der Lebensgefährte kein Geld abheben, keine Überweisungen tätigen, Daueraufträge stornieren oder konkrete Auskünfte von der Bank verlangen. Zahlungen werden entweder (z. B. fifty/fifty) von beiden (getrennten) Konten abgebucht oder von einem Partner vorgestreckt, um dann später verrechnet zu werden. Da dies – so oder so – ziemlich umständlich ist, gehen viele Paare dazu über, ein gemeinsames Konto einzurichten, über das sie ihre laufenden Zahlungen abwickeln. Dabei gibt es grundsätzlich zwei Möglichkeiten: Entweder Sie vereinbaren mit der Bank, daß sie nur gemeinsam verfügungsberechtigt sind, oder daß jeder von Ihnen alleine, also ohne besondere Genehmigung des Lebensgefährten im Einzelfall, über das gesamte Guthaben verfügen kann.

Der Vorteil der ersten Möglichkeit liegt darin, daß keiner der Partner den anderen übervorteilen kann. Die Bank führt nämlich den Auftrag (z. B. Auszahlung, Überweisung) nur dann aus, wenn beide Partner unterschreiben. Diese Art von Konto bietet Ihnen also die Möglichkeit, aus einer gemeinsamen Kasse zu wirtschaften, ohne daß einer von beiden dabei benachteiligt wird. Andererseits kann keiner von beiden auch nur den kleinsten Betrag abheben, ohne dafür die Vollmacht des anderen zu haben.

„Oder-Konto“

Um dies zu vermeiden, können Sie ein sogenanntes „Oder-Konto“ einrichten. Hier haben beide Partner einen uneingeschränkten Zugriff auf das gemeinsame Guthaben. Was natürlich zur Folge haben kann, daß Ihr Lebensgefährte vielleicht mehr abhebt als Ihnen lieb ist. Und nachdem die meisten Konten heute auch oft mit einem zusätzlichen Dispo-Kredit laufen, kann es unter Umständen sogar vorkommen, daß der eine Partner Schulden macht und der andere dadurch automatisch zur Rückzahlung verpflichtet wird. Viele Paare begegnen dieser Gefahr, indem sie interne Absprachen treffen. Dabei gibt es jedoch zu bedenken, daß solche Absprachen zwar den Partner binden, nicht jedoch die Bank. Hat Ihr Partner das Geld nicht mehr und ist er auch sonst nicht flüssig, dann bleiben Sie eben auf dem Schaden sitzen.

Auch bei einer Trennung kann das „Oder-Konto“ Schwierigkeiten machen. Es ist nämlich meistens gar nicht so leicht, nachzuweisen, wie viel von dem Guthaben denn nun wem von beiden gehört. Und wenn sich dabei nichts Konkretes sagen läßt, dann gilt eben: Es wird geteilt, und zwar in der Mitte. Wenn also das meiste Geld von Ihnen stammt, haben Sie Pech gehabt, weil Sie am Ende doch nur die Hälfte bekommen. Das gilt auch beim Tod eines Partners. An seine Stelle treten nunmehr seine Erben. Diese haben natürlich ein Interesse daran, soviel wie möglich von dem auf dem Konto vorhandenen Guthaben abzubekommen. Wenn Sie nicht beweisen können, daß Ihnen mehr als die Hälfte gehört, weil das Geld von Ihnen stammt, dann

bekommen die Erben die Hälfte des Guthabens, Sie müssen mit der anderen Hälfte zufrieden sein. Zu diesem Ergebnis kommt zumindest das Oberlandesgericht Celle (Urteil vom 22. 10. 1981; FamRZ 1982, S. 63) im folgenden Fall:
Felix Frei segnet das Zeitliche. Felicitas Frank hebt in der Folgezeit das gesamte Guthaben des gemeinsamen Kontos ab. Die Erben des verstorbenen Felix verlangen daraufhin Zahlung des abgehobenen Betrags. Felicitas Frank hat aber wahrlich andere Sorgen und weist das Ansinnen der Erben zurück. Die wiederum sind gnadenlos und ziehen vor Gericht.

Das Oberlandesgericht Celle hatte Mitleid mit den Erben. Nicht aber mit Felicitas Frank. Sie mußte eine Hälfte des Betrages, der beim Tod Ihres Partners auf dem Konto war, an die Erben herausgeben.

Die Richter begründeten dies mit der ihnen eigenen Umständlichkeit folgendermaßen: *„Unterhalten die Partner einer eheähnlichen Lebensgemeinschaft bei einer Sparkasse ein sogenanntes Oder-Konto, so reicht das nichteheliche Zusammenleben als solches nicht aus, um eine von der Regelung des § 430 BGB, wonach die Gesamtgläubiger im Verhältnis zueinander zu gleichen Anteilen berechtigt sind, abweichende Bestimmung anzunehmen und im Falle des Todes eines von ihnen dem anderen Teil, unter Übergehung der gesetzlichen Erben die ganze Leistung zukommen zu lassen. Hat der Überlebende unter Ausnutzung seiner Verfügungsbefugnis den gesamten Sparbetrag abgehoben, so bleibt er den Erben in der Höhe der Hälte des im Todeszeitpunkt vorhandenen Guthabens ausgleichpflichtig. Eine Verwirkung dieses Ersatzanspruchs tritt auch nach längerer Zeit nicht ein, wenn der überlebende Teil der nichtehelichen Lebensgemeinschaft das Vorhandensein der Sparforderung den Erben gegenüber verschwiegen* *hat, obwohl er von ihnen wiederholt zur Erteilung der Auskunft über den Nachlaß aufgefordert worden war."*

Sie sehen also, daß ein gemeinsames Konto – bei allen Vorteilen, die es mit sich bringt – auch eine Reihe von Gefahren birgt, die bedacht werden sollten. Möglicherweise ist es die beste Lösung, sowohl getrennte Konten als auch ein gemeinsames Konto zu errichten und die Beträge, die über das gemeinsame Konto laufen, kurzfristiger und ausschließlich an den laufenden Kosten ausgerichtet zu kalkulieren. Dann gehen Sie das geringste Risiko ein, im Trennungs- oder Todesfall größere Beträge zu verlieren, nur weil Sie nicht nachweisen können, daß das Geld Ihnen gehört.

Schulden, Kredite, Bürgschaften

Oft werden zur Führung eines gemeinsamen Haushalts oder für gemeinsame Anschaffungen auch Schulden gemacht, z. B. Kredite aufgenommen. Wie steht es dann, wenn die Bank plötzlich auf einen der Partner zukommt und ihn auch für die Schulden des anderen in Anspruch nehmen will? Müssen Sie überhaupt für die Schulden Ihres (ehemaligen) Lebensgefährten aufkommen?

Das Oberlandesgericht Frankfurt/M. hat dazu in einem Urteil vom 9. 5. 1984 (FamRZ 1984, S. 1013) festgestellt. *„Nimmt während des Bestehens einer nichtehelichen Lebensgemeinschaft der eine Partner einen Bankkredit zur Zahlung von Schulden des anderen auf, kann er nach Beendigung des Zusammenlebens wegen der ihm weiterhin obliegenden Tilgung des Kredits von dem anderen Ersatz seiner Aufwendungen verlangen."* Das Landgericht Bamberg führte in einem Urteil vom 29. 5. 1987 (FamRZ 1988, S. 59) dagegen aus, daß *„wer* *sich für die Schulden seines nichtehelichen Partners verbürgt und aus dieser Bürgschaft nach Beendigung der Lebensgemeinschaft in Anspruch genommen wird, keinen Ausgleichsanspruch gegen den anderen hat"*.

Gerade im Hinblick auf Schulden, Kredite und Bürgschaften sollten Sie in einer nichtehelichen Lebensgemeinschaft sehr vorsichtig sein. Es besteht die ernstzunehmende Gefahr, daß Sie, wenn das Zusammenleben ein Ende nimmt, mit allen Schulden alleine dastehen und Ihren Ex-Partner nicht einmal zur Kasse bitten können.

Oft geschieht es natürlich nicht unfreiwillig, daß ein Partner für Schulden des anderen haftet. Häufig wird bei Kredit- und Darlehensverträgen vereinbart, daß die Bank im Falle der Zahlungsunfähigkeit des Kreditnehmers auf dessen Lebensgefährten zurückgreifen kann. Ein interessantes Urteil in Sachen Schuldmitübernahme durch den nichtehelichen Lebensgefährten fällte der Bundesgerichtshof am 16.11. 1989 (NJW 1990, S. 1034).

Dabei ging es um einen Fall, in dem eine Zahnarzthelferin ihrem Partner zuliebe die Schuld für einen Sparkassenkredit mitübernommen hatte. Dieser nutzte den Kredit zum Kauf einer Eigentumswohnung. Obwohl Sie inzwischen einen anderen Mann geheiratet hatte, mußte die Zahnarzthelferin einen Teil der Summe zurückzahlen, da ihr ehemaliger Partner dazu nicht in der Lage war, und die Zwangsversteigerung der Wohnung nicht den erforderlichen Betrag erbrachte.

Die Richter dazu: „Eine Bank, die für die Endfinanzierung der Beteiligung an einem Bauherrenmodell die Schuldmitübernahme durch die Lebensgefährtin des Darlehensnehmers verlangt, ist im Regelfall nicht verpflichtet, diese auf die allgemeinen Risiken hinzuweisen, die sich aus Veränderungen in der eigenen Sphäre der Schuldner ergeben können (z. B. Trennung, Tod eines Partners, Krankheit, Einkommensverluste, Wertverlust des Grundstücks)."

Was bedeutet das? – Normalerweise gilt: Wenn Sie mit jemandem einen Vertrag schließen, dann ist dieser unter Umständen verpflichtet, Sie über die Risiken dieses Vertrages aufzuklären. Tut er das nicht, dann macht er sich schadensersatzpflichtig. Unter Juristen nennt man das „Verschulden bei Vertragsschluß." In dem vom Bundesgerichtshof entschiedenen Fall lag ein solches Verschulden bei Vertragsschluß aber nach Meinung der Richter nicht vor. Obwohl die Lebensgefährtin dem Risiko ausgesetzt war, auch bei einer Trennung die Darlehenssumme weiter zurückzahlen zu müssen, sah es das Gericht nicht als eine Pflicht der Bank an, die Lebensgefährtin über die Gefahren aufzuklären, die mit Veränderungen innerhalb der Partnerschaft verbunden waren. Es ist einfach nicht Aufgabe der Bank, „die Darlehensnehmer auf solche in ihrer eigenen Sphäre wurzelnden allgemeinen Gefahren hinzuweisen." Sie müssen sich also in jedem Fall über die Folgen, die eine Trennung oder andere Änderungen in Ihrer Beziehung für übernommene Schulden und ihre Tilgung haben, selbst ins Bild setzen. Auf Auskünfte (insbesondere auf unaufgeforderte Auskünfte) der Bank brauchen Sie dabei nicht zu rechnen.

Wenn sie sich für Schulden Ihres Partners verbürgen, kann es sein, daß Sie die „Zeche" allein bezahlen müssen. Möglicherweise können Sie von Ihrem Ex-Partner eine Beteiligung an der Tilgung von Schulden verlangen, die Sie für ihn gemacht haben. Schulden, die sie für die gemeinsame Lebensführung eingegangen sind, müssen Sie alleine begleichen. Kurzum, wenn Sie sich trennen, können Sie kaum auf etwas zählen, was Sie einmal ausgegeben haben und auch was Sie privat getan haben, wird Ihnen in aller Regel keiner ersetzen.

Das Wichtigste auf einen Blick

- Sie können gemeinsame oder getrennte Konten führen. Gemeinsame Konten vereinfachen das Wirtschaften, bergen aber Risiken. Insbesondere könnte ein „Oder-Konto“ für Sie interessant sein.
- Für gemeinsam aufgenommene Kredite muß grundsätzlich jeder von Ihnen voll haften.
- Auch wenn Sie für Schulden Ihres Partners „nur“ bürgen, haften Sie auf volle Rückzahlung.
- Die Aufklärungspflichten Ihrer Bank sind nicht zu groß. Seien Sie deshalb vorsichtig und fragen Sie bei unklaren Punkten stets nach. So können Sie unter Umständen wenigstens Ansprüche auf Verletzung der Pflicht zur Erteilung fehlerfreier Auskünfte begründen..

Ihre Rechte bei Versicherungsangelegenheiten

4

Wenn man den Slogans der Versicherungswerbung glauben möchte, dann kann einem mit dem richtigen Versicherungspaket im Leben eigentlich nichts mehr passieren. Kaum ein Risiko gegen das es keine Versicherung gibt. Und in der Tat gibt es auch kaum noch einen Zeitgenossen, der nicht gegen irgendetwas versichert ist. Der Versicherungsschutz begleitet einen buchstäblich von der Wiege bis zur Bahre, sei es als Haftpflichtversicherung für wilde Kindheitstage, als Arbeitslosenversicherung für den Menschen, der mitten im Leben steht, oder als Lebensversicherung für ein üppiges Altenteil.

Bei vielen Versicherungen sind der Ehepartner und die Kinder des Versicherungsnehmers mitversichert. Der Versicherungsschutz erstreckt sich in der Regel auch auf Familienangehörige. Wie ist das aber bei der nichtehelichen Lebensgemeinschaft? Ist der Partner auch hier mitversichert?

Versicherungsschutz auch für nichteheliche Partner

Der nichteheliche Lebensgefährte wird von Rechts wegen leider grundsätzlich nicht als Familienangehöriger eingestuft. Und das hat Folgen. Ein Beispiel aus der Rechtsprechung des Landgerichts Düsseldorf (Urteil vom 16. 9. 1982, FamRZ 1983, S. 1117):

Felix Frei hatte bei der „Hin-und-weg-Versicherung" eine Reisegepäckversicherung abgeschlossen. Den Urlaub verbrachte er mit seiner Lebensgefährtin Felicitas Frank in Portugal. Dabei wurde beiden das Gepäck gestohlen. Die hiervon in Kenntnis gesetzte Hin-und-weg-Versicherung zahlte jedoch nur für das Gepäck von Felix Frei. Felicitas Frank wurde nicht entschädigt. Das sah Felix Frei nicht ein. Er zog vor Gericht – und verlor. Das Landgericht gab der beklagten Versicherung mit folgender Begründung Recht:

„Die Lebensgefährtin des Versicherungsnehmers ist keine Familienangehörige im Sinne des § 1 Ziff. 1 AVB. Familienangehöriger im Sinne dieser Vorschrift kann nur der sein, der mit dem Versicherten verheiratet, verwandt oder verschwägert im Rechtssinne ist." Und warum nicht der nichteheliche Lebensgefährte? *„Würde man den Versicherungsschutz auch auf die Partner einer eheähnlichen Beziehung ausdehnen, so würde sich für die Versicherung ein nicht kalkulierbares Versicherungsrisiko ergeben."* So das Landgericht in der oben angeführten Entscheidung.

Zwar sind nicht alle Gerichte so strikt gegen eine Ausdehnung des Begriffes „Familienangehöriger" auf den nichtehelichen Partner, doch sollten Sie sich auf eine wohlwollende Auslegung nicht verlassen. Glücklicherweise haben sich viele Versicherungen inzwischen auf den Weg in die Neuzeit gemacht und den Versicherungsschutz von selbst auf den nichtehelichen Lebenspartner ausgedehnt. Dabei kommt es sowohl vor, daß die Konditionen gleichbleiben, als auch, daß die Beitragssätze erhöht werden. Die Devise lautet also: Augen auf und die beste Versicherung wählen. Bedenken Sie dabei: Die Mitversicherung des Partners muß mit der Versicherung ausdrücklich vereinbart werden. Sofern eine entsprechende Klausel nicht bereits in den „Allgemeinen Versicherungsbedingungen" (zu deutsch: im Kleingedruckten) zu finden ist, empfiehlt es sich unbedingt, der Versicherungspolice eine kurze schriftliche Vereinbarung anzufügen.

Auf das bloße Wort Ihres Versicherungsagenten sollten Sie sich – aus Beweisgründen – lieber nicht verlassen.

Kranken- und Rentenversicherung

Eine besonders wichtige Rolle unter den Versicherungen spielt die Kranken- und Rentenversicherung. Hier muß sich jeder Partner selbst versichern. Eine Ausdehnung des Schutzes auf den Lebensgefährten – wie etwa bei Ehegatten üblich – ist weder bei den gesetzlichen noch bei den privaten Krankenversicherungen vorgesehen. Das gleiche gilt für die Rentenversicherungen: Beim Tod des nichtehelichen Lebenspartners hat z. B. der haushaltsführende Lebensgefährte keine Renten- oder Versorgungsansprüche.

Sie sollten deshalb von Anfang an Vorsorge treffen und sich um eine ausreichende soziale Sicherung Ihres Partners kümmern. Dabei gibt es verschiedene Wege, die Sie in Betracht ziehen können. So kann z. B. eine eigene Versicherung für den Partner ebenso in Frage kommen wie die Überschreibung von Immobilien oder anderen Vermögensgegenständen.

Kfz-Haftpflichtversicherung

Rein mengenmäßig rangiert auch die Kfz-Haftpflichtversicherung unter den Versicherungen ganz oben. Nie gab es so viele Autos auf Deutschlands Straßen – und nie gab es so viele Unfälle.

Besonders wichtig deshalb die Frage: Ist mein Partner mitversichert? Er ist! Bei der Kfz-Haftpflichtversicherung sind Sie automatisch durch die Versicherung Ihres Partners mitversichert. Sie genießen den vollen Versicherungsschutz, egal ob Sie sich hinter das Lenkrad setzen (dann übernimmt die Versicherung den Schaden, den Sie verursachen) oder den Beifahrersitz bevorzugen (dann ersetzt die Versicherung den Schaden, den Sie erleiden).

Haftpflichtversicherung

Die allgemeine Haftpflichtversicherung ist eine der wichtigsten und wohl auch empfehlenswertesten Versicherungen.

Bei der heutigen Art modernen Lebens ist ein teurer Schaden schnell verursacht.

Bei den Rückzahlungen können Sie unter Umständen Ihren gewohnten Lebensstandard über Jahre hinweg abschreiben. Auch hier sollten Sie unbedingt nachfragen, ob Sie nicht Ihren Lebenspartner mitversichern können. Verschiedene Versicherungen sind inzwischen dazu bereit. – Und warum auch nicht, bei Verheirateten sind schließlich auch Ehegatten und Kinder mitversichert (Kinder sind natürlich stets – ob der Versicherungsnehmer nun verheiratet ist oder nicht – mitversichert; dies allerdings nur, wenn sie mit ihm im gleichen Haushalt leben).

Rechtsschutzversicherung

Der nichteheliche Lebensgefährte ist bei einer Familienrechtsschutzversicherung grundsätzlich nicht mitversichert. Dennoch kann es auch für ihn bisweilen von Vorteil sein, wenn sein Partner eine solche Versicherung hat. Dies zeigt ein Fall, wie ihn ähnlich das Amtsgericht Hamburg, mit Urteil vom 3. 6. 1987 (FamRZ 1987, S. 1137) entschieden hat:

Beispiel:

Felix Frei traf seine Felicitas während eines Spaziergangs im Schloßpark. Es war Liebe auf den ersten Blick. Es wurde langsam Herbst und der Park verlor – der Kälte wegen – an Reiz. Da beschlossen die Beiden, sich eine Unterkunft zu suchen. Ohne vorher geheiratet zu haben, mieteten sie eine Wohnung in der Schloß-Allee 13. Nach ein paar Jahren glücklichen Zusammenlebens kam es zwischen ihnen und dem Vermieter der Wohnung, zu ernsthaften Streitigkeiten. Da fiel Felix Frei ein, daß er ja schließlich seit geraumer Zeit Beiträge für eine Rechtsschutzversicherung zahlt. Daraufhin fragte er bei der Versicherung nach, die ihm zusicherte, die Kosten zu übernehmen. Das tat sie dann auch. Nun wollte die Versicherung jedoch wenigstens die Hälfte der Kosten, die sie in diesen Prozeß gesteckt hatte, wieder zurückbekommen – und zwar von Felicitas Frank. Nach der Devise „Wer 50 % Nutzen davon hat, soll auch 50 % der Kosten tragen" bat sie die junge Dame zur Kasse. Felicitas Frank lehnte dankend ab. Und wieder zogen die Beteiligten vor Gericht. Diesmal war das Glück jedoch nicht auf der Seite der Versicherung.

Das AG Hamburg entschied, daß solche Vorteile, wie sie Felicitas Frank aus der Rechtsschutzversicherung ihres Lebensgefährten gezogen hatte, nicht zu ersetzen seien. Die Versicherung hätte ja auf jeden Fall die Prozeßkosten übernehmen müssen, da sie aus dem Vertrag mit Felix Frei dazu verpflichtet war. Einen Anspruch gegen die nichtversicherte Felicitas Frank hätte die Versicherung nur dann gehabt, wenn Felix Frei selbst einen solchen Ausgleichsanspruch hätte. Diesen müßte er dann, wie vereinbart, an die Versicherung abtreten. Ein solcher Anspruch des Felix Frei kommt jedoch nicht in Betracht, da, so das Gericht, „die Leistung, die ein Partner im gemeinsamen Interesse erbracht hat, jedenfalls dann, wenn keine gesonderte Vereinbarung getroffen worden ist, von dem anderen Teil nicht auszugleichen ist."

Ihre Rechte mit Kindern

5

In immer mehr nichtehelichen Lebensgemeinschaften gibt es auch Kinder. Wer heute auf den Trauschein verzichtet, tut dies oft nicht oder nicht nur, weil er frei und „ungebunden“ sein will, sondern ganz einfach, weil ihm dieses Dokument nicht besonders viel bedeutet. Das heißt aber nicht, daß er damit dem Familienleben eine Absage erteilt. Viele vorbildliche Familien mit einem oder mehreren Kindern kommen heute auch ohne Heirat aus. Dennoch – oder gerade deshalb – taucht aber auch immer wieder die Frage auf: „Was sind meine Rechte in bezug auf die Kinder bzw. welche Rechte hat das Kind in bezug auf seine Eltern?“

In dieser Frage werden Probleme aus unterschiedlichen Bereichen des Rechts aufgegriffen. Zum einen ist hier das Sorgerecht betroffen. Hand in Hand damit geht die Frage nach dem Unterhaltsrecht. Auch erbrechtlich ist die Frage „eheliches oder uneheliches Kind?“ von großer Bedeutung. Und schließlich stellt sich auch die Frage nach Ansprüchen gegen den Staat.

Rechtsbeziehungen: Eltern – Kind

Wie sehen die rechtlichen Beziehungen zwischen dem Kind und seinen Eltern aus?

Was die Eltern betrifft, so wird ihr Verhältnis zueinander rechtlich kaum berücksichtigt. Insbesondere in bezug auf das Kind werden die Eltern vom Gesetz behandelt, als wären sie zwei fremde. Ob sie ein inneres Band oder auch eine nichteheliche Lebensgemeinschaft verbindet, spielt dabei keine Rolle. Das hat schwerwiegende Auswirkungen. Der Vater „genießt“ nämlich nach deutschem Recht grundsätzlich nur deshalb das Sorgerecht für sein Kind, weil er mit der Mutter verheiratet ist. Will heißen, der eheliche Vater ist mit der Mutter von Anfang an gleichberechtigt, nicht aber der nichteheliche. Letzterer hat in bezug auf das Kind zunächst einmal keinerlei Rechte, sondern lediglich Pflichten (Ausnahme: Erbrecht, wenn die Vaterschaft anerkannt ist; siehe unten).

Bekommt eine verheiratete Frau ein Kind, so wird nach § 1591 BGB gesetzlich „vermutet“, daß das Kind ehelich ist oder anders gesagt, daß ihr Ehemann der Vater des Kindes ist. Eine solche „Vaterschaftsvermutung“ für Männer, die eine nichteheliche Lebensgemeinschaft führen, gibt es nicht. Bei ihnen muß die Vaterschaft gesondert festgestellt werden. Da es sowohl den Fall gibt, daß der Vater die Vaterschaft nicht anerkennen will, als auch den Fall, daß die Mutter nicht will, daß der Vater rechtlich als Vater gilt, gibt es zwei Möglichkeiten der Vaterschaftsfeststellung. Das ist zum einen die Anerkennung der Vaterschaft durch den Vater und zum anderen die gerichtliche Entscheidung.

Vaterschaftsanerkennung

Wenn Sie als Vater die Vaterschaft anerkennen wollen, so können Sie dies bereits vor der Geburt des Kindes tun. Bedingungen, wie etwa die Einschränkung „Ich erkenne die Vaterschaft bis zur Volljährigkeit des Kindes an“ sind dabei nicht möglich. Außerdem bestimmt § 1600c Abs. 1 BGB: „Zur Anerkennung ist die Zustimmung des Kindes erforderlich.“ Dadurch wird der Mutter eine sehr starke Position gegenüber dem Vater eingeräumt, da ihr „natürlich“ die Vertretung des minderjährigen Kindes im Hinblick auf diese Zustimmung zusteht. Das heißt aber nicht, daß Sie als Vater kein Recht auf eine Feststellung Ihrer Vaterschaft haben. Vielmehr sind Sie, wenn Ihr Kind bzw.

dessen Mutter, die Vaterschaftsanerkennung nicht akzeptiert, gezwungen eine gerichtliche Entscheidung zu erwirken, so wie dies auch der Mutter namens des Kindes in dem Falle offensteht, daß Sie die Vaterschaft nicht anerkennen wollen.

Die Vaterschaftsanerkennung muß öffentlicht beurkundet werden. Für die Vaterschaftsklage ist die grundlegende Vorschrift § 1600n BGB, der besagt:

„(1) Ist die Vaterschaft nicht anerkannt, so ist sie auf Klage des Kindes oder des Mannes, der das Kind gezeugt hat, gerichtlich festzustellen.

(2) Nach dem Tode des Mannes ist die Vaterschaft auf Antrag des Kindes, nach dem Tode des Kindes auf Antrag der Mutter vom Vormundschaftsgericht festzustellen.“

Dabei ist nach § 1600o Abs. 1 BGB als Vater der Mann festzustellen, der das Kind gezeugt hat. Natürlich waren die Richter nicht dabei. Deshalb bestimmt § 1600o Abs. 2 BGB: „Es wird vermutet, daß das Kind von dem Manne gezeugt ist, welcher der Mutter während der Empfängniszeit beigewohnt hat (d. h. mit ihr Geschlechtsverkehr hatte; d. Red.). Die Vermutung gilt nicht, wenn nach Würdigung aller Umstände schwerwiegende Zweifel an der Vaterschaft verbleiben. ...“ Gerade der letzte Satz kann für die Mutter des Kindes ein wahres Damokles-Schwert sein. Kommt es doch immer wieder vor, daß der Mann, dessen Vaterschaft festgestellt werden soll, gegen die Mutter und damit auch gegen das Kind die sogenannte „Einrede des Mehrverkehrs“ geltend macht. Damit ist gemeint, daß der Mann (meist unter Zeugenaussage eines oder mehrerer anderer Männer) vorträgt, die Frau hätte zur Empfängniszeit auch mit anderen Männern Geschlechtsverkehr gehabt. Für die Richter begründet dies unter Umständen „schwerwiegende Zweifel“ im Sinne des § 1600o Abs. 2 Satz 2 BGB daran, daß der Mann wirklich der Vater ist. Wenn nämlich nicht festgestellt werden kann, wer von all den Männern, die bezeugen, sie hätten zu besagter Zeit mit der Mutter des Kindes geschlafen, tatsächlich das Kind gezeugt hat, bleibt das betreffende Kind rechtlich vaterlos. Es verliert damit seinen Unterhaltsanspruch gegen den Vater ebenso wie das Recht, ihn zu beerben. Seit es die modernen Untersuchungsmethoden zur Feststellung der Verwandtschaft zweier Personen gibt (insbesondere Blutuntersuchungen und genetische Tests) nimmt zwar die Zahl der Männer, die sich auf diese Weise um die Verantwortung drücken, deutlich ab, dennoch besteht kein sicherer Schutz von Mutter und Kind davor, daß nicht die Richter trotzdem zu ihrem Nachteil urteilen.

So hat der Bundesgerichtshof in einem Urteil vom 1. 10. 1975 (FamRZ 1975, S. 685) festgestellt:

„Der Beklagte ist nach den serologischen Gutachten als Vater des Klägers nicht auszuschließen. Die biostatische Begutachtung hat für die Vaterschaft des Beklagten einen Wahrscheinlichkeitswert nach Essen-Möller von 26 % ergeben. Der erbbiologische Befund geht nach einem Gutachten dahin, daß über die Vaterschaft des Beklagten weder eine positive noch eine negative Aussage gemacht werden könne, während in einem anderen Gutachten die Vaterschaft als wahrscheinlich bezeichnet worden ist.

Die Kindesmutter hat bei ihrer wiederholten Vernehmung durch das OLG ausgesagt, sie habe in der gesetzlichen Empfängniszeit nur mit dem Beklagten Geschlechtsverkehr gehabt. Diese Aussage hat dem OLG nicht für die Feststellung ausgereicht, daß ein Mehrverkehr der Kindesmutter in der Empfängniszeit nicht stattgefunden habe. Für einen Mehrverkehr könne vielmehr, wie das OLG ausgeführt hat, eine leichte Zugänglichkeit der Kindesmutter angeführt werden. Etwa ein Jahr vor der gesetzlichen Empfängniszeit habe sie zeitlich nebeneinanderherlaufende geschlechtliche Beziehungen zu zwei Männern unterhalten, ...“

Der Beklagte hatte zwar zugegeben, mit der Mutter des Kindes innerhalb der Empfängniszeit Geschlechtsverkehr gehabt zu haben, jedoch bestritten, der Vater des Kindes zu sein. Damit kam er vor Deutschlands höchstem Zivilgericht durch.

Zwar stellten die Richter fest: *„Hat der Tatrichter nach Würdigung aller Umstände nur geringe Zweifel an der Vaterschaft eines Mannes, welcher der Kindesmutter während der Empfängniszeit beigewohnt hat, dann ist die Vermutung des § 1600o Abs. 2 Satz 1 BGB nicht erschüttert. Es wäre ein Rechtsfehler, wenn der Richter in solchem Falle die Klage des Kindes auf Feststellung der Vaterschaft abweisen würde. ...“* Doch kamen sie in diesem Fall zu der Ansicht, daß dem Vater wohl mehr zu trauen sei, als der Mutter. Angesichts der lapidaren Behauptung „Ich habe zwar mit der Mutter geschlafen, der Vater bin ich trotzdem nicht,“ aber dennoch ein hartes Urteil. Für Frauen, gerade wenn sie bereits mehrere Geschlechtspartner hatten, kann deshalb doppelte Vorsicht geboten sein, mit wem sie ein Kind zeugen. Denn die Richter führten in ihrem Urteil auch aus:

„Ist die Vaterschaft des Beklagten nicht wahrscheinlich oder besteht für sie keine größere Wahrscheinlichkeit als für die eines anderen Mannes, dann sind schwerwiegende Zweifel an der Vaterschaft des Beklagten angebracht.“

Und mit welchem Maß deutsche Richter messen, sehen Sie an diesem Urteil besonders gut.

Name des Kindes

Wenn die Vaterschaft anerkannt ist, welchen Namen bekommt das Kind?

Die Antwort, die uns das Gesetz, in diesem Fall § 1617 Abs. 1 Satz 1 BGB darauf gibt, ist unmißverständlich, knapp und klar:

„Das nichteheliche Kind erhält den Familiennamen, den die Mutter zur Zeit der Geburt des Kindes führt."

Was den Namen betrifft, hat das Kind also mit seinem Vater nichts zu tun. Zwar wird von fortschrittlicheren Geistern immer wieder gefordert, daß das nichteheliche Kind einen Doppelnamen bekommen sollte, der sich zusammensetzt aus dem Familiennamen des Vaters und dem der Mutter, doch wird dies, zumindest auf mittlere Frist wohl doch eher ein Wunschdenken bleiben.

Sorgerecht

Beim Sorgerecht geht es nicht weniger matriarchalisch zu. § 1705 BGB bestimmt:

„Das nichteheliche Kind steht, solange es minderjährig ist, unter der elterlichen Sorge der Mutter. Die Vorschriften über die elterliche Sorge für eheliche Kinder gelten im Verhältnis zwischen dem nichtehelichen Kinde und seiner Mutter entsprechend, soweit sich nicht aus den Vorschriften dieses Titels ein anderes ergibt."

Hier sollte vielleicht kurz einmal geklärt werden, was „elterliche Sorge" eigentlich genau bedeutet. Nach § 1626 BGB haben der Vater und die Mutter „das Recht und die Pflicht, für das minderjährige Kind zu sorgen". Das nennt sich dann „elterliche Sorge". Die „elterliche Sorge", so das Gesetz weiter, „umfaßt die Sorge für die Person des Kindes (Personensorge) und das Vermögen des Kindes (Vermögenssorge)." Die Eltern entscheiden also für das Kind in allen wichtigen Lebensfragen, seien sie persönlicher oder wirtschaftlicher Art. Das Sorgerecht umfaßt insbesondere auch die Vertretung des Kindes nach außen. Das heißt, alle Rechtsgeschäfte (z. B. Abschluß eines Vertrages) werden durch die Eltern vorgenommen.

Das Sorgerecht, so lesen wir oben, steht also nach dem Gesetz beiden Elternteilen zu. Das gilt aber leider nur für verheiratete Elternpaare. Bei nichtehelichen Kindern läuft der Hase anders: Nach § 1705 BGB steht nämlich die elterliche Sorge für ein Kind unverheirateter Eltern grundsätzlich nur der Mutter zu. Eine Beteiligung des Vaters an der elterlichen Sorge ist vom Gesetzgeber nicht vorgesehen. Die einzige Möglichkeit, die Sie als nichtehelicher Vater haben, um das Sorgerecht für Ihr Kind zu bekommen, besteht darin, das Kind für ehelich erklären zu lassen (§ 1723 BGB). Wie kommt der Gesetzgeber dazu, solchen Widersinn zum Gesetz zu machen?

Begründet wird diese Entscheidung für die Mutter damit, daß durch die strikte Zuordnung des Kindes zur Mutter Streitigkeiten über die Sorge für das Kind vermieden werden sollten. Das Kind sollte von Anfang an einen festen Bezugspunkt haben. Und da nun der Gesetzgeber ganz einfach davon ausging, daß die Bindung des Kindes an seine Mutter enger ist als die an seinen Vater, war klar: das Sorgerecht ist generell der Mutter zuzusprechen. – Dabei spielt es auch gar keine Rolle, ob die Eltern zusammenleben oder nicht. So unstimmig und unfair diese Entscheidung auch klingt, sie wurde sogar vom Bundesverfassungsgericht für rechtens befunden. In einem Beschluß vom 24. 3. 1981 (NJW 1981, S. 1201) stellten die Richter fest:

„Es liegt innerhalb der Grenzen der Gestaltungsbefugnis des Gesetzgebers, daß er das minderjährige, nichteheliche Kind allein der gesetzlichen Sorge der Mutter unterstellt hat (§ 1705 Satz 1 BGB).“

Also nur eine Möglichkeit: Ehelicherklärung. Wie sieht sie aus? § 1723 BGB besagt: „Ein nichteheliches Kind ist auf Antrag seines Vaters vom Vormundschaftsgericht für ehelich zu erklären, wenn die Ehelicherklärung dem Wohle des Kindes entspricht und ihr keine schwerwiegenden Gründe entgegenstehen.“ Sie können also auch als nichtehelicher Vater Ihr Kind jederzeit für ehelich erklären lassen – ohne die Mutter heiraten zu müssen. Allerdings hat die Sache einen Haken: Sie benötigen dazu die Zustimmung der Mutter bzw. des Kindes, falls dieses bereits volljährig ist. Durch die Ehelicherklärung erlangt Ihr Kind rechtlich den gleichen Stand wie ein Kind verheirateter Eltern (was auf jeden Fall vorteilhaft für das Kind ist).

Der große Vorteil bei der Ehelicherklärung ist, daß der Vater das Sorgerecht für das nichteheliche Kind bekommt. Und jetzt der riesige Nachteil: die Mutter verliert ihr Recht zur elterlichen Sorge. So jedenfalls steht es in § 1738 Abs. 1 BGB, der besagt: „Mit der Ehelichkeitserklärung verliert die Mutter das Recht und die Pflicht, die elterliche Sorge auszuüben.“ Bisher bedeutete das: Will ein in nichtehelicher Lebensgemeinschaft zusammenlebendes Paar gemeinsam das Sorgerecht für sein gemeinsames Kind ausüben, so scheitert dies an § 1738 Abs. 1 BGB. Daß eine solche Regelung in der heutigen Zeit nicht mehr tragbar ist, das haben auch die Richter des Bundesverfassungsgerichts erkannt, als ihnen folgender Fall unterbreitet wurde:

Die Eltern eines im November 1979 geborenen Kindes lebten seit Anfang 1979 zusammen. Das Kind wurde von seiner Geburt an von beiden gemeinsam betreut und erzogen. Der Vater erkannte die Vaterschaft selbstverständlich an. 1988 endlich beantragte er, das Kind für ehelich zu erklären – allerdings mit der Maßgabe, daß sowohl ihm, als auch der Mutter die elterliche Sorge gemeinsam übertragen werde. (Die Mutter war damit einverstanden.)

Das Amt für soziale Dienste, das für eine Stellungnahme nach § 48a JWG zuständig war, ging davon aus, daß es für das Kind günstig wäre, wenn die Eltern gemeinsam das Sorgerecht erhielten. Das Vormundschaftsgericht, dem die Entscheidung darüber oblag, stand nun aber vor dem Problem, daß eine Erteilung des Sorgerechts an beide Eltern gegen § 1738 Abs. 1 BGB verstoßen würde. Also legte es das Problem dem Bundesverfassungsgericht vor. Die Frage lautete: Ist § 1738 Abs. 1 BGB mit dem Grundgesetz vereinbar?

Daraufhin erging am 9. 5. 1991 endlich folgender Beschluß (FamRZ 1991, S. 913):

1. *Es verstößt gegen Art. 6 Abs. 2 GG, daß die gemeinsame Ausübung der elterlichen Sorge durch den Vater und die Mutter eines nichtehelichen Kindes und dessen Ehelicherklärung selbst dann von Gesetzes wegen ausgeschlossen ist, wenn die Eltern mit dem Kind zusammenleben, beide bereit und in der Lage sind, die elterliche Verantwortung gemeinsam zu übernehmen, und dies dem Kindeswohl entspricht.*

2. *Mit Art. 6 Abs. 5 GG ist es nicht vereinbar, die mit der Ehelicherklärung verbundenen Vorteile nichtehelichen Kindern, welche mit der Mutter und dem Vater zusammenleben und von beiden Eltern*

betreut werden, entweder zu verweigern oder nur mit der Rechtsfolge zu ermöglichen, daß die Mutter das Recht und die Pflicht zur Ausübung der elterlichen Sorge verliert.

§ 1738 Abs. 1 BGB ist also teilweise für verfassungswidrig erklärt worden. Was bedeutet das für Sie? – Grundsätzlich erhält immer noch die Mutter das alleinige Sorgerecht für das Kind. Daran wurde durch das eben zitierte Urteil nicht gerüttelt. Allerdings darf – bis eine neue gesetzliche Regelung gefunden ist – § 1738 Abs. 1 BGB nicht angewendet werden, wenn beide Elternteile zusammenleben, beide in der Lage und bereit sind, die Elternverantwortung gemeinsam auszuüben und wenn dies vor allem dem Kindeswohl dient. Wie die zukünftige gesetzliche Regelung aussehen wird, läßt sich zur Zeit noch nicht genau sagen. Es ist jedoch abzusehen, daß der Gesetzgeber, um bei einer erneuten Kontrolle durch das Bundesverfassungsgericht zu bestehen, eine Regelung trifft, die es ermöglicht, auch nichtehelichen Elternpaaren das gemeinsame Sorgerecht zu übertragen.

Eine interessante Variante bietet die gegenwärtige Rechtslage übrigens für den Fall, daß die Mutter des Kindes mit einem anderen Mann als dem Vater verheiratet ist. Dann nämlich könnte der Ehemann der Mutter, obwohl er nicht der Vater ist, das volle Sorgerecht über das Kind auch für sich beanspruchen, bis die Nichtehelichkeit des Kindes festgestellt ist.

Pflegschaft

„Das Kind erhält, sofern es nicht eines Vormundes bedarf, für die Wahrnehmung der folgenden Angelegenheiten einen Pfleger:

1. Für die Feststellung der Vaterschaft und alle sonstigen Angelegenheiten, die die Feststellung oder Änderung des Eltern-Kind-Verhältnisses oder des Familiennamens des Kindes betreffen,
2. für die Geltendmachung von Unterhaltsansprüchen einschließlich der Ansprüche auf eine an Stelle des Unterhalts zu gewährende Abfindung sowie die Verfügung über diese Ansprüche; ist das Kind bei einem Dritten entgeltlich in Pflege, so ist der Pfleger berechtigt, aus dem vom unterhaltspflichtigen Geleisteten den Dritten zu befriedigen,
3. die Regelung von Erb- und Pflichtteilsrechten, die dem Kind im Falle des Todes des Vaters und seiner Verwandten zustehen.“

So § 1706 BGB. Dadurch soll gewährleistet werden, daß das Kind seine Rechte insbesondere gegen den Vater geltend machen kann, gerade auch in dem Fall, daß die Mutter diese Rechte nicht mit Vehemenz durchsetzt, weil sie vielleicht nichts mehr mit dem Vater zu tun haben will oder vielleicht auch, weil sie ihm – was leider ohne Rücksicht auf die Belange des Kindes immer wieder vorkommt – „beweisen“ will, daß sie es auch ohne ihn schafft.

Das heißt aber nicht, daß an einer Pflegschaft oder gar Vormundschaft kein Weg vorbeiführt. Die Mutter kann nämlich beantragen, daß die Pflegschaft nicht eintritt, der Wirkungskreis des Pflegers beschränkt oder die Pflegschaft ganz aufgehoben wird, wenn dies dem Wohl des Kindes nicht widerspricht. Gerade bei einer funktionierenden nichtehelichen Lebensgemeinschaft wird dies auch nach Ansicht der Behörden der Fall sein, zumal wenn der Vater problemlos die Vaterschaft anerkennt und ordentlich zum Unterhalt des Kindes beiträgt. Dennoch, dies sollte an dieser Stelle nochmals betont werden, steht dem nichtehelichen Vater ein Sorgerecht nicht ohne weiteres zu. Inwieweit er an der Pflege und Erziehung des Kindes Anteil haben, ja inwieweit er mit dem Kind sogar überhaupt Umgang pflegen darf, liegt grundsätzlich völlig im Ermessen der Mutter, denn § 1711 Abs. 1 Satz 1 BGB besagt:

„Derjenige, dem die Personensorge für das Kind zusteht, bestimmt den Umgang des Kindes mit dem Vater.“ Und das ist in der Regel die Mutter.

Anspruch des Kindes auf Auskunft über den Vater

Ein leidiges Thema, das häufig durch die Trennung nichtehelicher Lebensgemeinschaften vor der Geburt eines Kindes entsteht: die Frage nach der Auskunftspflicht der Mutter über den leiblichen Vater. Eines Tages wird das Kind fragen: „Wer ist mein Vater?“. Muß die Mutter darauf antworten?

Sie muß. Das Kind hat gegen seine Mutter einen Anspruch auf Auskunft über seinen leiblichen Vater. So hat das Bundesverfassungsgericht in seinem Beschluß vom 18. 1. 1988 (FamRZ 1989, S. 147) entschieden. Die Richter wörtlich: *„Zwar berührt die erfolgte Verurteilung der Beschwerdeführerin (d. h. der Mutter; d. Red.) zur Auskunft über den Vater ihrer nichtehelichen Tochter das Persönlichkeitsrecht der Beschwerdeführerin nach Art. 2 Abs. 1 GG, weil sie in die geschützte Intimsphäre eingreift. Grundsätzlich ist die Beschwerdeführerin zu einer solchen Auskunft nicht verpflichtet. Das Grundrecht des Art. 2 Abs. 1 GG steht aber der Beschwerdeführerin nicht schrankenlos zur Verfügung. Es wird eingeschränkt durch das Recht des nichtehelichen Kindes, welches aus der Verbindung, die* *sonst vor einer Offenbarung gegenüber anderen geschützt ist, mit eigenen Rechten hervorgegangen ist. Zumindest das nichteheliche Kind hat ein Recht auf Kenntnis des leiblichen Vaters."*

Nichteheliche Kinder haben also einen Anspruch darauf, zu erfahren, wer der nichteheliche Vater ist. Ob die Mutter damit einverstanden ist, ob sie mit dem Vater nichts mehr zu tun haben will, ob sie das Kind vielleicht vor der Wahrheit „schützen" will, ob der Vater von seiner Vaterschaft gar nichts weiß, all dies spielt dabei keine Rolle. Eine delikate Pointe fügte das Landgericht Münster mit Urteil vom 21. 2. 1990 (FamRZ 1990, S. 1031) dieser Rechtslage hinzu: *„Die Mutter muß auch dann Auskunft über den (möglichen) Vater geben, wenn mehrere Männer in Frage kommen."*

Beispiel:
Fortuna Frank, die 16jährige Tochter von Felicitas Frank, fragt eines Tages: „Mutti, sagst du mir jetzt endlich, wer mein leiblicher Vater ist? Ich habe ein Recht darauf!" Felicitas Frank gibt aber nicht nach: „Hör mal, mein Kind, die Sache ist die: Ich bin mir da nicht ganz sicher. Das war damals eine recht komplizierte Zeit für mich. Genau kann ich es dir sowieso nicht sagen, weil ich es selbst nicht weiß. Und schließlich habe ich auch eine Intimsphäre. Überhaupt ist mir das peinlich. Vielleicht ein andermal."

So einfach wird sich Felicitas Frank nicht aus der Affäre ziehen können. Nicht nur, weil Fortuna einen ziemlichen Dickschädel hat, nein, auch deshalb:

„Ist die Mutter eines nichtehelichen Kindes sich nicht sicher, wer der Vater ist, und kommen für die Vaterschaft mehrere Personen in Betracht, so besteht gemäß § 1618a BGB in Verbindung mit Art. 6 Abs. 5, Art. 2 Abs. 1, Art. 14 Abs. 1 GG ein Auskunftsanspruch des

nichtehelichen Kindes gegen seine Mutter auf Benennung dieser Personen.“

So die Richter des Landgerichts Münster. In dem entschiedenen Fall waren das vier potentielle Väter. Die korrekte Antwort von Felicitas Frank hätte also lauten müssen: „Liebe Fortuna, ich weiß es zwar nicht genau, es kommen aber nur folgende Herren in Betracht: Felix Frei, Frederick Frisch, Frank Fromm und Friedbert Fröhlich.“

Kindergeld

Natürlich können Sie auch für ein nichteheliches Kind Kindergeld beanspruchen. Dann stellt sich lediglich die Frage, wem es zusteht. Auch hierbei spielt das Sorgerecht eine bedeutende Rolle. Gemäß § 3 Abs. 3 Bundeskindergeldgesetz wird nämlich das Kindergeld demjenigen gewährt, dem die Personensorge über das Kind zusteht. Ohne Sorgerecht also auch kein Anspruch auf Kindergeld. Deshalb hat bisher in der Regel die Mutter das Kindergeld bekommen. Ob sich das allerdings angesichts der neuesten Rechtsprechung zum Thema Sorgerecht (siehe S. 66) ändert, bleibt abzuwarten.

Das Wichtigste auf einen Blick

- Die Vaterschaft für ein nichteheliches Kind wird entweder aufgrund der Anerkennung des Kindes durch den Vater oder gerichtlicher Entscheidung festgestellt. Die Anerkennung der Vaterschaft kann bereits vor der Geburt des Kindes erfolgen. Zu ihr ist die Zustimmung des Kindes nötig. Sowohl das Kind als auch der Vater können auf Feststellung der Vaterschaft klagen.

- Das nichteheliche Kind trägt den Namen der Mutter.
- Das elterliche Sorgerecht für ein nichteheliches Kind liegt regelmäßig bei der Mutter, wobei grundsätzlich die Vorschriften über eheliche Kinder entsprechend angewendet werden. Ein gemeinsames Sorgerecht kann nach der neuesten Rechtsprechung allerdings Elternpaaren gewährt werden, die zusammenleben und das Kind gemeinsam aufziehen wollen.
- Nichteheliche Kinder bekommen, wenn nicht eine Vormundschaft nötig erscheint, einen Pfleger. Dagegen kann die Mutter aber etwas unternehmen, wenn das Wohl des Kindes hinreichend gesichert erscheint.
- Die Mutter muß in der Regel dem Kind Auskünfte über den Vater erteilen oder zumindest, die in Frage kommenden Personen benennen.
- Das Kindergeld wird nur dem sorgeberechtigten Partner gewährt.

Ihre Rechte im Beruf

6

Nachteile im Beruf

Daß das Leben in einer „Ehe ohne Trauschein“ ernsthafte Nachteile im Beruf haben kann, war früher offensichtlich. Ein solch „unsittlicher Lebenswandel“ warf nach Meinung vieler Chefs ein schlechtes Licht auf das Unternehmen. So war es für viele Menschen, gerade für solche in besonders herausgehobenen (wegen der weithin sichtbaren Stellung) und in den einfacheren Positionen (wegen des großen Publikumskontakts; z. B. Verkäuferin in einem kleinen Laden) undenkbar, eine nichteheliche Lebensgemeinschaft zu führen. Wer es trotzdem tat, stieg eben nicht auf oder wurde gar nicht erst eingestellt.

Nachteile im Beruf waren also an der Tagesordnung. Rechtliche Grundlagen hatten diese Benachteiligungen indes nicht. Es handelte sich deshalb nicht um ein rechtliches, sondern um ein gesellschaftliches Phänomen. Davon sind wir zum Glück heute weg. Dennoch gibt es eine letzte Bastion, die das Zusammenleben ohne Trauschein in beruflicher Hinsicht hart „bestraft“: die Kirche.

Sonderstatus für die Kirchen

Beide großen deutschen Kirchen, die evangelische wie die katholische, erwarten von ihren Gläubigen ein offenes und engagiertes Bekenntnis zur Ehe. Das hat nach Meinung beider Kirchen zu Folge, daß nichteheliche Lebensgemeinschaften in ihren Reihen nichts zu suchen haben, und bei ihren Angestellten schon gar nicht. Daß das für Priester gilt, mag nicht unbedingt verwundern. Wie aber steht es mit anderen Arbeitnehmern der Kirche? Das Bundesarbeitsgericht hat in einem Urteil vom 25. 4. 1978 (NJW 1978, S. 2116) entschieden, daß die Kirchen das Recht haben, selbst festzulegen, welche Loyalitätspflichten ihre Arbeitnehmer erfüllen müssen – allerdings nur in bezug auf Arbeitnehmer die „irgendwie an der kirchlichen Verkündung teilhaben."

Darauf wollen sich aber die Kirchen nicht beschränken. Immer wieder gibt es Fälle, in denen Arbeitnehmern gekündigt wurde, weil sie mit einem Partner ohne Trauschein zusammenlebten. Und diese Fälle beschränken sich keineswegs nur auf Angestellte in Schlüsselpositionen. So war einer Stationshilfe in einem kirchlichen Altenheim gekündigt worden, weil sie jahrelang mit ihrem späteren Ehemann (!) ohne Trauschein zusammengelebt hatte. In diesem Fall schlug sich das Gericht (hier war es das LAG Mainz in seinem Urteil vom 28. 3. 1980; NJW 1980, S. 2213) voll auf die Seite der Arbeitnehmerin. *Erstens,* so die Richter, *könne bei einer Stationshilfe nicht gerade behauptet werden, daß sie an der kirchlichen Verkündung teilnehme. Und zweitens habe sie ja nicht gegen ein kirchliches Sakrament verstoßen, sondern nur gegen einen Teil der kirchlichen Lehre. Wenn man aber bei jedem Verstoß gegen irgendeinen Teil der Lehre gleich kündigen könnte, dann würde das ganze bald in reine Willkür ausarten. Die Arbeitnehmerin konnte also bleiben.*

Das Landesarbeitsgericht hat nicht umsonst sein Urteil so taktisch begründet. Es ist nämlich leider so, daß die Kirchen immer wieder vor den Gerichten Recht bekommen hatten, wenn sie einen Arbeitnehmer, der einen Geschiedenen geheiratet hatte, gekündigt hatten, weil darin ein Verstoß gegen das heilige Sakrament der Ehe liege.

Man sieht, der Kündigungsschutz für kirchliche Arbeitnehmer ist wesentlich geringer als üblich, was damit zusammenhängt, daß die Kirche ihr eigenes, vom Staat respektiertes Rechtssystem hat (das sogenannte kanonische Recht). Besonders gefährdet sind nach dem oben gesagten eben auch Arbeitnehmer, die privat in einer nichtehelichen Lebensgemeinschaft leben.

Der Normalfall

Für „zivile" Arbeitgeber, das heißt für alle außer den Kirchen, begründet eine nichteheliche Lebensgemeinschaft des Arbeitnehmers kein Kündigungsrecht. In dieser Hinsicht müssen Sie also keine Bedenken haben. Aber auch sonst sind echte rechtliche Nachteile in beruflicher Hinsicht wegen einer nichtehelichen Lebensgemeinschaft grundsätzlich nicht möglich. Lediglich in bezug auf Vorteile, die man als verheirateter Arbeitnehmer genießen kann, schneiden Sie als unverheirateter Arbeitnehmer schlechter ab, auch wenn Sie einen festen Partner „für's Leben" haben. So haben Sie z. B. in der Regel keinen Anspruch auf „Verheiratetenzuschläge".

Eine positive Ausnahme macht dabei ausgerechnet das Bundesbesoldungsgesetz. In § 62 Abs. 1 Nr. 3b wird bestimmt, daß den Anwärterverheiratetenzuschlag sogar Beamtenanwärter bekommen, die zwar nicht verheiratet sind, die aber „in ihrer Wohnung einer anderen Person nicht nur vorübergehend Unterkunft und Unterhalt gewähren, weil sie gesetzlich oder sittlich dazu verpflichtet sind oder aus gesundheitlichen Gründen ihrer Hilfe bedürfen". Eine gesetzliche Verpflichtung wird zwar regelmäßig nicht bestehen, aber eine sittliche Verpflichtung könnte z. B. darin gesehen werden, daß es sich um die Mutter des nichtehelichen Kindes handelt.

Arbeitsfreistellung nach BAT

Wenn Sie Angestellter sind, so genießen Ihre verheirateten Kollegen einen besonderen Vorteil: Findet auf ihr Arbeitsverhältnis der Bundes-Angestelltentarifvertrag (kurz: BAT) Anwendung, so hat ein verheirateter Angestellter bei Niederkunft seiner mit ihm in häuslicher Gemeinschaft lebenden Ehefrau einen Anspruch auf 2tägige Freistellung von der Arbeit. Und zwar unter Fortzahlung der Vergütung (des vollen Gehalts). Dies besagt § 52 Abs. 2e BAT. Leider spricht das Gesetz an dieser Stelle jedoch nur von der „Ehefrau" und nicht auch von der nichtehelichen Lebensgefährtin. Deshalb haben Sie – sollte sich einmal das freudige Ereignis einstellen – im Gegensatz zu verheirateten Kollegen als nichtverheirateter Angestellter (ob mit oder ohne feste Lebensgefährtin) und frischgebackener Vater keinen Anspruch auf einen solchen Extraurlaub. Wenn Sie Ihrer Partnerin bei der Geburt beistehen wollen, wird Ihnen nichts anderes übrigbleiben, als auf Ihren regulären Erholungsurlaub zurückzugreifen. Auch vor Gericht wird sich daran nur schwerlich etwas ändern lassen. Das Bundesarbeitsgericht hat nämlich mit Urteil vom 25. 2. 1987 (NJW 1987, S. 2458) die Anwendung des § 52 Abs. 2e BAT bestätigt. Einen Verstoß gegen den Gleichheitsgrundsatz des Art. 3 des Grundgesetzes vermochten die Richter trotz dieser Ungleichbehandlung nicht zu sehen.

Erziehungsgeld / Erziehungsurlaub

Apropos Kinder: Wie aus den §§ 1 und 15 Bundeserziehungsgeldgesetz (abgekürzt: BErzGG) hervorgeht, bestehen nach der Geburt eines Kindes Ansprüche gegen den Arbeitgeber bzw. gegen Vater Staat auf Gewährung von Erziehungsurlaub und Zahlung von

Erziehungsgeld. – Wer kann diese Ansprüche geltend machen? Nur die Mutter? Nur der Vater? Beide zugleich? Oder einer von beiden alternativ? Daß nicht beide Elternteile zugleich Erziehungsurlaub nehmen können, ist logisch. Das wäre denn doch etwas zuviel verlangt. Die sinnvollste und sozialste Regelung kann nur sein, daß die Eltern wählen können, wer von beiden Erziehungsurlaub oder Erziehungsgeld in Anspruch nimmt, wer also „Berechtigter" sein soll.

Und in der Tat wurde eine solche Regelung auch für Ehepaare eingeführt. Hier kann die Mutter oder aber der Vater die Leistungen beanspruchen. Die Eltern können den für sie sinnvollsten Weg wählen, z. B. daß derjenige Ehegatte, der das niedrigere Einkommen bezieht, zu Hause bleibt.

Bei der nichtehelichen Lebensgemeinschaft läuft die Sache natürlich wieder einmal anders: Gemäß § 1 Abs. 1 Nr. 2 und § 15 BErzGG hat Anspruch auf Erziehungsgeld und Erziehungsurlaub nur derjenige (respektive diejenige), der die Personensorge für das Kind hat. Das Sorgerecht für ein nichteheliches Kind hat aber in der Regel die Mutter und nicht der Vater, was dazu führt, daß nur die Mutter auch Anspruch auf Erziehungsgeld und -urlaub hat. Das Bundesverfassungsgericht glaubte das in einem Beschluß vom 5. 8. 1986 (NJW 1987, S. 179) folgendermaßen begründen zu müssen:

„Der nichteheliche Vater ist von den Vergünstigungen des Mutterschaftsgesetzes – und auch heute von denjenigen nach dem Bundeserziehungsgeldgesetz – ausgeschlossen, da er in aller Regel nicht das Sorgerecht für sein Kind hat. Der nichteheliche Vater könnte die Betreuung des Kleinkindes nur auf einer rechtlich ungesicherten Grundlage übernehmen; die nichteheliche Mutter hätte jederzeit die Möglichkeit, ihm die Betreu-

ung zu entziehen und müßte dies möglicherweise aufgrund ihrer Pflicht zur Personensorge sogar tun (§ 1711 Abs. 1 BGB).“

Der Beschluß des Bundesverfassungsgerichts zeigt, daß der Anspruch des nichtehelichen Vaters nur eine seltene Ausnahme sein kann, der Anspruch der Mutter dagegen Regelfall ist und auch bleiben soll. Der Vater kann nur dann Erziehungsurlaub bzw. Erziehungsgeld beantragen, wenn er selbst das Sorgerecht erhält. Bislang war dies aber regelmäßig mit einem Verlust des Sorgerechts der Mutter verbunden. (§ 1738 Abs. 1 BGB). In seinem Beschluß vom 7. 5. 1991 (BGBl. 1991/I, S. 1509) hat das Bundesverfassungsgericht endlich mit dem Umstand Schluß gemacht, daß nichteheliche Väter praktisch immer von der Personensorge für ihr Kind ausgeschlossen sind. Die Richter erklärten § 1738 BGB insoweit für mit dem Grundgesetz unvereinbar. Leider lassen sich daran aber im Hinblick auf die Frage, ob jetzt auch nichteheliche Väter ein Anrecht auf Erziehungsgeld bzw. -urlaub haben, noch keine konkreten Entwicklungen ablesen. Ohnehin steht eine gesetzliche Neuregelung der Frage nach dem Sorgerecht über nichteheliche Kinder noch aus. Wenn – wie zu erwarten ist – in Zukunft das elterliche Sorgerecht von beiden Elternteilen (auch wenn sie nicht verheiratet sind) ausgeübt werden kann, dann bedeutet dies: Sie können sich aussuchen, ob Sie Erziehungsurlaub bzw. Erziehungsgeld beantragen wollen oder Ihre Lebensgefährtin/Ihr Lebensgefährte.

Soweit zum Thema nichteheliche Kinder und Beruf (siehe im übrigen auch unter dem Kapitel „5. Kinder“ S. 59). Aber nicht nur, wenn einem – wie beim Erziehungsgeld – Geld gegeben wird, gibt es ernstzunehmende Ungleichbehandlungen zwischen verheirateten und unverheirateten Paaren. Auch wenn es darum geht, daß einem Geld genommen wird, z. B. bei der Lohnpfändung.

Lohnpfändung: „Rabatt" auch für Nichteheliche?

Es läßt sich nicht immer vermeiden, daß ein Partner in einer nichtehelichen Lebensgemeinschaft Schulden macht. Dann besteht grundsätzlich die Gefahr, daß Arbeitseinkommen gepfändet wird. Allerdings gibt es bei der Pfändung des Arbeitseinkommens gewisse Grenzen, die der Gesetzgeber festgelegt hat, weil ja das Einkommen aus Erwerbstätigkeit regelmäßig die wirtschaftliche Basis des Arbeitnehmers und seiner Familie darstellt. Dieser Pfändungsschutz wird in den §§ 850 ff. der Zivilprozeßordnung geregelt. Danach gibt es unpfändbare Bezüge und genau bestimmte Untergrenzen des Arbeitseinkommens, bis zu denen gepfändet werden darf. Sie bestimmen sich unter anderem danach, ob der Arbeitnehmer Unterhaltspflichten nachkommen muß (z. B. für Ehegatte und Kinder).

Nach § 850f ZPO kann das Vollstreckungsgericht dem Schuldner auf Antrag aber auch von dem pfändbaren Teil seines Arbeitseinkommens einen Teil belassen, wenn der besondere Umfang der gesetzlichen Unterhaltspflichten des Schuldners oder besondere Bedürfnisse des Schuldners dies erfordern. Nicht gemeint ist demnach grundsätzlich der Unterhalt, den Sie für Ihren nichtehelichen Partner aufwenden, und zwar auch, wenn dieser Unterhalt auf einer vertraglich mit dem Lebensgefährten vereinbarten Pflicht beruht. „Gesetzliche Unterhaltspflichten" sind eben Unterhaltspflichten die Ihnen obliegen, weil dies in irgendeinem Gesetz so vorgesehen ist. Mit moralischen Verpflichtungen hat dies wenig zu tun.

Das Gesetz sieht Unterhaltspflichten in der Regel für Ehegatten, Kinder oder auch Eltern vor, grundsätzlich jedoch nicht für nichteheliche Lebensgefährten. Eine seltene Ausnahme bildet hier z. B. § 1615l BGB, der eine begrenzte Unterhaltspflicht des Vaters für die Mutter vor und nach der Geburt eines Kindes vorsieht. Nun ließe sich natürlich sagen, Unterhaltsleistungen an den Lebensgefährten sind „besondere Bedürfnisse des Schuldners aus persönlichen ... Gründen", wie sie § 850f Abs. 1 Buchst. a ZPO als Grund für die Anhebung der Pfändungsgrenzen vorsieht. Das mag menschlich, logisch und praktisch auch so sein. Für die Gerichte jedoch ist es nicht der Fall. Im Gegenteil: *Nach einem Beschluß des Landgerichts Schweinfurt vom 17. 10. 1983 (FamRZ 1984, S. 45) ist der Unterhalt des nichtehelichen Partners ausdrücklich kein besonderes Bedürfnis aus persönlichen Gründen. Deshalb haben Sie in der Regel auch keinen Anspruch darauf, daß Ihnen ein Teil des pfändbaren Arbeitseinkommens belassen wird, weil Sie Ihrem Partner Unterhalt gewähren.*

Mitarbeit im Unternehmen des Partners

Probleme ganz anderer Art kann die Mitarbeit im Unternehmen des nichtehelichen Partners mit sich bringen.

Ist ein Partner selbständig unternehmerisch tätig, so ist es meist der Fall, daß der andere Partner ihn dabei unterstützt. Das kann sich auf eine gelegentliche Aushilfe beschränken, es kann aber auch ein Fulltime-job sein. Die Mitarbeit in Betrieb oder Praxis des nichtehelichen Partners kann durchaus viele Vorteile bringen. Man denke etwa an die größere Flexibilität bei der Arbeitseinteilung oder Urlaubsplanung oder (ganz wichtig!) an das gute Arbeitsklima, das sich so erreichen läßt. Damit Ihnen derlei Vorteile später nicht zum Nachteil gereichen, sollten Sie folgende Punkte beachten:

Scheitert eine nichteheliche Lebensgemeinschaft, so bereiten die erbrachten Arbeitsleistungen den Gerichten oft große Probleme. Ersatzansprüche für solche Leistungen im Trennungsfall werden nur selten gewährt. Nach ständiger Rechtsprechung sind *„Dienstleistungen, die ein Partner einer nichtehelichen Lebensgemeinschaft erbringt, nicht solche, die den Umständen nach nur gegen eine Vergütung zu erwarten sind.“* – So das Arbeitsgericht Passau in einem Urteil vom 30. 11. 1989 (MDR 1990, S. 576). Vielmehr werden die Leistungen, die jeder der Lebensgefährten für den anderen erbringt, nach Ansicht der Gerichte nur *„im Hinblick auf die Leistungen des anderen Teils erbracht.“* (vgl. etwa das Bundesarbeitsgericht, BAGE Bd. 7 S. 353 ff.). Mit anderen Worten: Was Sie auch an Leistungen für das Unternehmen Ihres Lebensgefährten aufwenden, vor Gericht wird all dies als Liebesdienst oder, etwas wirtschaftlicher ausgedrückt, als bloßes „Geben und Nehmen“, nicht aber als Investition in eine gemeinsame Zukunft angesehen. Wenn die Partner nichts anderes untereinander vereinbart haben, werden in der Regel persönliche und wirtschaftliche Leistungen nicht gegeneinander aufgerechnet. Außerdem müßte derjenige, der sich auf eine Zuvielleistung beruft, diese ja auch beweisen; ein Unterfangen, das bei einer womöglich jahrelangen Partnerschaft kaum zu bewerkstelligen ist.

Es empfiehlt sich deshalb – bei allem Sinn für Romantik –, auch an die Möglichkeit einer späteren Trennung zu denken (wer weiß schon, wie die Welt in 10 Jahren aussieht!) und Vorsorge für diesen Fall zu treffen.

Wenn sie nur gelegentlich im Betrieb Ihres Partners aushelfen, dann wird es am sinnvollsten sein, wenn Sie den Ausgleich sofort schaffen. Das kann durch entsprechende Zuwendungen des Partners erfolgen, aber auch (für viele vielleicht eine interessante Alternative) durch die Übernahme von Arbeitsleistungen durch den Lebensgefährten, z. B. Mehrarbeit im Haushalt. Außerdem besteht natürlich die Möglichkeit, auch für die gelegentliche Mitarbeit im Unternehmen des Partners eine „Vereinbarung für den Trennungsfall" zu treffen. Der Partner, der mehr wirtschaftliche Vorteile aus der Beziehung herleitet, kann sich im Hinblick auf eine Trennung zu Unterhaltsleistungen oder anderen Zuwendungen an den Lebensgefährten verpflichten. Dabei müssen Sie jedoch die jeweiligen Formvorschriften beachten. Besonders wichtig in diesem Fall: die Schenkung. Ein Schenkungsversprechen ist gemäß § 518 Abs. 1 BGB nur dann gültig, wenn es notariell beurkundet wird. In anderen Fällen, in denen keine besondere Form vorgeschrieben ist, empfiehlt es sich aber schon aus Beweisgründen, die Absprache schriftlich festzuhalten.

Arbeitsvertrag unter Partnern

Wenn Sie im Unternehmen Ihres Partners nicht nur ab und zu Hand anlegen, sondern regelmäßig mitarbeiten, dann sollten Sie auf jeden Fall einen Arbeitsvertrag abschließen. Ein solcher Vertrag sichert die vereinbarte Vergütung für die Dauer Ihrer Partnerschaft und – wenn nötig – auch darüber hinaus. Verzichten Sie jedoch auf einen solchen Arbeitsvertrag, dann begeben Sie sich, das lehrt leider die Erfahrung, auf dünnes Eis. Das Bürgerliche Gesetzbuch enthält zwar Vorschriften, die im Falle einer fehlenden Vereinbarung eingreifen, doch führen diese, wenn es zur Trennung nichtehelicher Partner kommt, nur selten zu befriedigenden Ergebnissen.

Eine solche Vorschrift ist § 612 BGB. Danach gilt eine Vergütung „als stillschweigend vereinbart, wenn die Dienstleistung den Umständen nach nur gegen eine Vergütung zu erwarten ist.“ Was die Höhe betrifft, so richtet sie sich nach der „üblichen Vergütung“, was immer das heißen mag. – Das ist zwar schön und gut, setzt aber in jedem Fall voraus, daß ein Arbeitsverhältnis vorliegt. Und das wird von den Gerichten nicht so leicht anerkannt. Im Gegenteil: Nach einem Urteil des Bundesarbeitsgerichts vom 19. 7. 1973 (NJW 1974, S. 380) reicht die tatsächlich erbrachte Arbeitsleistung allein nicht aus, um ein durch schlüssiges Verhalten zustandegekommenes Arbeitsverhältnis anzunehmen. Selbst wenn Sie rund um die Uhr nur für den Betrieb Ihres Partners arbeiten, ist das für die Gerichte kein Nachweis eines tatsächlich existierenden Arbeitsverhältnisses.

Es müssen vielmehr noch zusätzliche Voraussetzungen gegeben sein. Welche Voraussetzungen allerdings, dabei sind sich die Gerichte leider nicht einig. Soviel ist sicher:
Halten sich die von einem Partner erbrachten Leistungen „im Rahmen des „Üblichen“, dann gilt keine Vergütung als vereinbart. Die Grenze jedoch, wann etwas als im Rahmen des Üblichen erbracht anzusehen ist, ist nicht nur reichlich hoch angesetzt, sie ist auch äußerst undeutlich gezogen. Kommt das Gericht zu der Überzeugung, daß Ihre Leistung als „dem gemeinsamen Lebensunterhalt dienend“ betrachtet werden muß (und wann ist das schon nicht der Fall!), so haben Sie regelmäßig keine Ausgleichsansprüche. Denn: Leistungen der Partner werden nun einmal grundsätzlich nicht gegeneinander aufgerechnet. Werden die Arbeits-

bzw. Dienstleistungen allerdings über einen langen Zeitraum hinweg unentgeltlich erbracht, so sprechen manche Gerichte einen Anspruch auf Vergütung zu, wenn die Leistungen „in der erkennbaren Erwartung einer Zuwendung erfolgt sind“, das kann auch eine spätere Heirat oder eine Erbeinsetzung sein. Die Erwartung einer solchen Zuwendung muß aber, so die Rechtsprechung, dem anderen Partner deutlich erkennbar gewesen sein. Wenn Sie also bloß insgeheim hoffen, daß Ihre Leistungen später ausgeglichen werden, dann genügen Sie somit den Anforderungen, die die Gerichte stellen, nicht. Soviel zur Theorie. Und jetzt zur Praxis. Ein Fall aus der Rechtsprechung:

Felicitas Frank hat schon seit langem ein Auge auf den schönen Bäckersburschen Felix Frei geworfen, der in der Konditorei seines Vaters arbeitet. Als der eines Tages ein Auge zurückwirft, beginnen die beiden sich etwas intensiver miteinander zu befassen: Es finden sich zwei Herzen. Man verliebt sich. Felicitas Frank beginnt im Bewußtsein, bald den Sohn des Hauses zu heiraten, in der Konditorei ihres zukünftigen Schwiegervaters mitzuarbeiten. Schließlich will sie den Laden ja früher oder später mit ihrem Felix übernehmen. Alles was sie dafür bekommt, sind Kost, Logis und ab und zu ein paar Mark Taschengeld. Zwei Jahre geht das so. Dann schlägt das Schicksal zu: man hat sich auseinandergelebt. Für Felicitas ist nicht nur die Liebe hin, auch die ins Auge gefaßte Konditorei ist flöten. Nun will sie ein Entgelt für die geleistete Arbeit.

Der Fall klingt nicht von ungefähr ein bißchen angestaubt. Er wurde – so ähnlich – bereits am 10. 3. 1960 vom Bundesarbeitsgericht (FamRZ 1960, S. 361) entschieden. Und schon damals kamen die Richter zu dem Ergebnis: *Die Frau hat Anspruch auf ein angemessenes Arbeitsentgelt im Sinne von § 612 BGB. Und zwar in Höhe des Lohnes einer Konditoreigehilfin (abzüglich der Aufwendungen für Kost, Logis und Taschengeld). Ausschlaggebend für dieses Urteil waren sowohl die Dauer und die Intensität der Tätigkeit (Felicitas Frank hatte immerhin tagtäglich von 8.00 Uhr morgens bis in die späten Abendstunden in der Konditorei gestanden) als auch die erkennbare Erwartung der Ehe und der Mitübernahme des Betriebes.*

Andere Gerichte versuchen bisweilen einen Anspruch auf Vergütung anderweitig zu begründen. So wird z. B. die sogenannte „ungerechtfertigte Bereicherung" bemüht. Was ist das? Nun, die ungerechtfertigte Bereicherung ist eine Erfindung der Juristen, die einen Ausgleich unbilliger Vermögensverschiebungen schaffen soll. Stark vereinfacht ausgedrückt: Wenn der Eine sich ungerechtfertigterweise an dem bereichert, was dem Anderen gehört, dann kann der Andere von ihm einen Ausgleich verlangen. Dazu folgender Fall, den das Oberlandesgericht Stuttgart mit Urteil vom 29. 6. 1977 (FamRZ 1977, S. 545) entschieden hat:

Eine Frau kündigte ihren Arbeitsplatz um ihren Lebensgefährten bei dessen Unternehmen zu unterstützen. Im Sommer arbeitete sie in seinem Kiosk, im Winter in der Küche seiner Gaststätte. Sie bekam dafür: nichts. Allerdings wollte sie von ihm erkennbar einiges. Nämlich die Heirat. Die Hochzeit fand nicht statt. Vielmehr ging die Beziehung in die Brüche und die Frau vor Gericht. *Das Oberlandesgericht erkannte einen Anspruch auf Vergütung an, allerdings nicht wegen § 612 BGB (also aufgrund eines Arbeitsvertrages), sondern wegen § 812 Abs. 1 Satz 2, 2. Halbsatz BGB: ungerechtfertigte Bereicherung.*

Also was jetzt? § 612 oder § 812? Nach allgemeinen Grundsätzen des Schuldrechts würde die Antwort lauten: Fordern Sie einen Ausgleich für die von Ihnen geleistete Arbeit nach § 612 BGB und wenn das nichts nützt, dann greifen Sie auf die „ungerechtfertigte Bereicherung“ des § 812 BGB zurück und fordern, was Ihnen moralisch ohnehin zusteht. Das hat jedoch eine ganze Reihe von Haken. Zunächst ist es eine Tatsache, daß heute die weitaus meisten nichtehelichen Lebensgemeinschaften ohne konkrete Heiratsabsichten, ja zum Teil gerade deshalb eingegangen werden, weil man nicht heiraten will. Darum zieht in den allermeisten Fällen heute das Argument „Ich dachte fest, wir werden heiraten“ nicht mehr. Ein offizielles Verlöbnis wird also das Mindeste sein, was dazu nötig ist. Aber auch dann ist der Erfolg vor dem Richter (wenn es denn soweit kommen sollte) nicht sicher. Es wird nämlich heute keineswegs so ohne weiteres anerkannt, daß in der bloßen Heirat bzw. in dem Eheversprechen an sich ein irgendwie gearteter Vermögensvorteil liegt. So hat z. B. das Landesarbeitsgericht Rheinland-Pfalz in einem Urteil vom 23. 1. 1982 (FamRZ 1983, S. 489) das Vorliegen eines Vermögensvorteils in einem solchen Fall verneint und darauf hingewiesen, daß es ja bei einer späteren Heirat immer noch die Möglichkeit gibt, einen Ehevertrag abzuschließen (mit der Folge, daß bei Vereinbarung einer Gütertrennung der Ehegatte keinerlei Vermögensvorteile aus der Ehe ziehen könnte). Die Richter wörtlich:

„Wegen der Möglichkeiten des vertragsmäßigen Güterrechts (§ 1408 BGB) vermag auch das Eheversprechen eines vermögenden Partners keine sichere Vergütungserwartung zu begründen, die Ehe ist nach geltendem Recht Lebensgemeinschaft, dagegen nicht, zumindest nicht notwendig, Vermögensgemeinschaft. Selbst wenn daher der Beklagte der Klägerin die Ehe versprochen hätte, hätte dies keine gesicherte und deshalb schutzwür-

dige Vergütungserwartung der Klägerin begründen können.“

Deshalb muß die Antwort auf unsere oben gestellte Frage „§ 612 oder § 812?“ lauten: Am besten weder noch! Wenn Sie wirklich sicher gehen wollen, daß die Mitarbeit im Unternehmen Ihres Partners im Falle einer Trennung keine wirtschaftliche Enttäuschung werden soll, kann die Lösung nur lauten: Schließen Sie einen Arbeitsvertrag ab.

Worauf Sie beim Arbeitsvertrag achten sollten

Das mag für viele ziemlich unromantisch klingen. Dennoch: Auch Sicherheit kann ein Zeichen von Liebe sein. Und Sicherheit, das ist, was nur ein Arbeitsvertrag Ihnen in diesem Zusammenhang bieten kann. Natürlich hat ein Arbeitsvertrag auch „Nachteile“. Sie müssen Steuern und Sozialversicherungsbeiträge abführen. Allein, die Vorteile im Trennungsfall liegen auf der Hand. Wenn Sie als ordentliche/r Arbeitnehmer/in bei Ihrem Partner arbeiten, dann haben Sie aus dem Arbeitsvertrag dieselben Rechte (und selbstverständlich auch Pflichten) wie jeder andere Arbeitnehmer. Das heißt, Sie haben neben dem Anspruch auf Lohnzahlung auch Ansprüche auf Urlaub, Erziehungsgeld usw. – und genießen natürlich auch Kündigungsschutz nach dem Kündigungsschutzgesetz.

Arbeitsverträge aus Zeiten, als Sie noch nicht daran dachten, zusammenzuziehen, werden von einer späteren nichtehelichen Lebensgemeinschaft mit der Arbeitgeberin/dem Arbeitgeber nicht beeinflußt. Sie gelten unverändert fort.

Fassen Sie Ihren Arbeitsvertrag schriftlich ab. Nur so kann im Zweifelsfall das Vereinbarte auch wirklich eindeutig bewiesen werden. Im Arbeitsvertrag sollten mindestens enthalten sein:

— Name des Arbeitgebers,
— Name des Arbeitnehmers,
— Art der Tätigkeit (je genauer beschrieben umso besser),
— Arbeitszeit,
— und Höhe der Vergütung.

Es empfiehlt sich – bei allem Vertrauen – als Maßstab für die Vereinbarungen die auf dem Markt allgemein herrschenden Bedingungen heranzuziehen. Das heißt der Arbeitnehmer sollte seiner Tätigkeit, Fähigkeit und Ausbildung entsprechend eingesetzt und vor allem bezahlt werden, wie jeder andere Arbeitnehmer auch. „Partner-Rabatt" bei den Lohnkosten sollten Sie lieber vermeiden. Das kann ins Auge gehen, wie folgender Fall, den (ähnlich) das Landesarbeitsgericht Rheinland-Pfalz mit Urteil vom 23. 1. 1982 (FamRZ 1983, S. 489 ff.) entschieden hat, zeigt:

Die medizinisch-technische Radiologieassistentin Felicitas Frank hatte fast ein Jahr lang in der Praxis ihres Lebensgefährten Felix Frei gearbeitet. Ihm dafür eine Menge Kohle abzuknöpfen, das hätte sie beschämt. Aber ein Arbeitsvertrag, das sollte denn doch sein. Also hatten die beiden eine Vergütung von schlappen DM 390,— im Monat vereinbart (dabei hatte das Paar sicher auch im Hinterkopf, daß man sich so die Sozialabgaben spart). Ein angemessenes Gehalt für jemanden mit der Ausbildung von Felicitas Frank hätte gut und gerne DM 3500,— betragen. Lange Rede kurzer Sinn: Die Beziehung ging in die Brüche. Die Frau vor Gericht. Sie verlangte einen Ausgleich für Ihre Arbeit.

Einen solchen Ausgleich sahen die Richter jedoch schon in der vereinbarten Vergütung von DM 390,—, die ihr der Ex-Lebensgefährte seinerzeit auch ausgezahlt hatte. Felicitas Frank hielt dem entgegen, daß ein solcher Arbeitsvertrag doch sittenwidrig sei.

Damit kam sie aber nicht durch:

Der Arbeitsvertrag sei schon deshalb nicht als sittenwidrig nach § 138 BGB anzusehen, weil die Arbeitnehmerin ja außerhalb des Arbeitsverhältnisses weitere Vermögensvorteile erhalten hatte, wie z. B. gemeinsame Reisen. Außerdem sei eine nichteheliche Lebensgemeinschaft durchaus auch eine Grundlage für unentgeltliche Leistungen eines Partners, so daß die eine Leistung nicht unbedingt der anderen entsprechen müsse.

Nach Meinung des Landesarbeitsgerichtes bestand übrigens auch kein Anspruch aus § 612 BGB („Arbeitsvertrag") oder § 812 BGB („Ungerechtfertigte Bereicherung"). Eine Vergütung wurde ja schließlich vereinbart und die erhebliche Unterbezahlung führt auch nicht automatisch zu einem Anspruch wegen ungerechtfertigter Bereicherung, weil dafür zusätzlich die Erwartung einer besonderen Zuwendung erforderlich gewesen wäre. (Die Assistentin ging zwar von einer künftigen Heirat aus, das Landesarbeitsgericht vermochte darin aber keinen vermögenswerten Vorteil erkennen.) Ein Anspruch auf Zahlung einer höheren Vergütung wurde hier also abgelehnt.

Deshalb: Wenn Sie vermeiden wollen, daß Sie im Falle einer Trennung den schwarzen Peter in der Hand haben, vereinbaren Sie – auch bei gemeinsamer Haushaltskasse und gemeinsamer Haushaltsführung – die übliche Vergütung. Das hindert Sie nicht daran, gemeinsame Ausgaben gemeinsam zu finanzieren.

Eine wichtige Variante: Gesellschaftsvertrag

In diesem Zusammenhang sollte eine sehr wichtige Variante der Zusammenarbeit nicht unerwähnt bleiben: der Gesellschaftsvertrag. Ein Arbeitsverhältnis basiert auf dem Gedanken der Über- und Unterordnung.

Der Arbeitnehmer ist nun einmal nach dem Arbeitsvertrag an die Weisungen seines Arbeitgebers gebunden. Es besteht – auch bei größter Übereinstimmung und Absprache im Einzelfall – rechtlich eine Hierarche zwischen den Beteiligten. Diese Hierarchie kann natürlich das Privatleben belasten. Eine sinnvolle Möglichkeit, sie zu vermeiden, ist der Abschluß eines Gesellschaftsvertrages (Achtung! Nicht zu verwechseln mit dem „Partnervertrag", der im Kapitel 9 näher besprochen wird). Ein solcher Vertrag bietet sich natürlich dann besonders an, wenn beide Partner den gleichen oder einen ähnlichen Beruf ausüben, z. B. Arzt oder Steuerberater, aber auch Bäcker oder Metzger.

Das Gesellschaftsrecht bietet hier regelmäßig bessere Möglichkeiten als das Arbeitsrecht, um die Verhältnisse zu regeln. Gerade in den Fällen, in denen die Tätigkeiten der beiden Lebensgefährten „gleichrangig" sind. Die Partner teilen sich hierbei Gewinn und Verlust ihrer Gesellschaft.

Sollten Sie sich dazu entschließen, eine Gesellschaft (z. B. eine GmbH oder eine OHG) zu gründen, dann wird es am sinnvollsten sein, wenn Sie einen Rechtsanwalt mit der Abfassung des Vertrages betrauen.

Arbeitsvertrag bei Haushaltsführung?

Übrigens: Führt einer der Partner den gemeinsamen Haushalt weitgehend allein, so lohnt sich vielleicht auch hier der Gedanke an einen Arbeitsvertrag. Denn auch hier ist natürlich der Abschluß eines solchen Vertrages durchaus möglich. Die Hausfrau oder der Hausmann kann so eine gewisse Sicherheit bekommen, daß sie/er im Falle einer Trennung nicht ganz mittellos dasteht. Wer fair ist, sollte dies seinem im Haushalt tätigen Partner auch durchaus vorschlagen. Denn auch bei der nichtehelichen Lebensgemeinschaft gilt, was im Eherecht oft eine wichtige Rolle spielt: Der berufstätige Teil kann sich nur deshalb so uneingeschränkt auf seinen Beruf konzentrieren, weil ihm der andere Teil im Haushalt und vielleicht auch bei der Kindererziehung den Rücken frei hält. Oder anders gesagt: Die Hausfrau/der Hausmann trägt seine 50 % zum wirtschaftlichen Unterhalt der Familie bei.

Das Wichtigste auf einen Blick

- Nur die Kirchen können heute noch in einigen Fällen eine Kündigung darauf stützen, daß der Arbeitnehmer in einer nichtehelichen Lebensgemeinschaft lebt. Alle anderen Arbeitgeber dürfen dies nicht.

- Erziehungsgeld und Erziehungsurlaub können bislang regelmäßig nur von der sorgeberechtigten Mutter des nichtehelichen Kindes geltend gemacht werden.

- Als Angestellter, auf den der Bundes-Angestelltentarifvertrag Anwendung findet, können Sie keine Arbeitsfreistellung wegen der Niederkunft Ihrer nichtehelichen Partnerin verlangen.

- Der Pfändungsschutz nach § 850f ZPO für einen Teil des Arbeitseinkommens gilt nicht für Unterhaltszahlungen an den nichtehelichen Lebensgefährten. Ausnahme: Wenn eine gesetzliche Unterhaltspflicht besteht.
- Bei Mitarbeit im Betrieb des Lebensgefährten sollte ein schriftlicher Arbeitsvertrag geschlossen werden, der sich nach den Gegebenheiten des freien Arbeitsmarktes richtet.
- Bei gleichberechtigter Tätigkeit kann ein Gesellschaftsvertrag empfohlen werden.
- Auch wenn ein Partner „nur“ den Haushalt führt, können Sie einen Arbeitsvertrag schließen.

Ihre Rechte in Steuerangelegenheiten

7

Veranlagung zur Steuer

Was die Steuer anbelangt, so wird die Ehe im Vergleich zu allen anderen Formen des Zusammenlebens ganz eindeutig honoriert. Durch das sogenannte „Ehegatten-Splitting“ sparen sich verheiratete Paare unter Umständen eine Menge Steuern gegenüber denjenigen, die nach der Grundtabelle an das Finanzamt zahlen müssen. Kein Wunder also, daß immer wieder Partner von nichtehelichen Lebensgemeinschaften vor Gericht ziehen, um ihren „Anspruch“ auf ein ebensolches Splitting auch ohne Trauschein geltend zu machen oder zumindest eine anderweitige steuerliche Anerkennung der besonderen Situation von nichtehelichen Lebensgemeinschaften zu erstreiten. So etwa auch in folgendem, vom Bundesfinanzhof am 18. 7. 1980 (NJW 1981, S. 600) entschiedenen Fall:

Ein Mann führte einen gemeinsamen Haushalt mit einer Lebensgefährtin und deren drei minderjährigen Kindern. Er war alleine für den Familienunterhalt zuständig. Wäre das Paar verheiratet gewesen, so wäre der Mann in eine erheblich günstigere Steuerklasse gerutscht. So aber beantragte er beim Finanzamt, daß seine Unterstützungsleistungen an seine Lebensgefährtin und die Kinder als außergewöhnliche Belastungen steuerlich berücksichtigt werden. Das Finanzamt lehnte den Antrag ab.

Der Mann klagte und bekam zunächst Recht, ehe der Bundesfinanzhof auf die Revision des Finanzamtes hin das Urteil aufhob und die Klage abwies mit folgender Begründung:

„Beim Bestehen einer derartigen eheähnlichen Lebensgemeinschaft mit gemeinsamer Haushaltsführung ist . . ., ähnlich wie bei Unterhaltsleistungen unter Ehegatten, regelmäßig davon auszugehen, daß dem finanziel-

len Beitrag des einen Partners im Rahmen der Lebens- und Wirtschaftsgemeinschaft ein entsprechender Beitrag des anderen, keine Einkünfte erzielenden und nicht berufstätigen Partners im Bereich der Haushaltsführung gegenübersteht.“

Ergo keine außergewöhnliche Belastung, weshalb der Bundesfinanzhof zu den Schluß kam:

„*Aufwendungen eines Steuerpflichtigen für den Unterhalt des mit ihm in einer eheähnlichen, auf Dauer angelegten Lebensgemeinschaft lebenden Partners sind nicht ... abziehbar.*“

Das war 1980. Inzwischen ist einige Zeit vergangen und der Bundesfinanzhof hat seine starre Haltung zu diesem Thema glücklicherweise zumindest etwas aufgelockert: Hat der Lebensgefährte nämlich eine „sittliche Verpflichtung“, dem anderen Unterhalt zu leisten, so ist es heute nicht mehr ausgeschlossen, daß solche Zahlungen wenigstens steuerlich absetzbar sind. Der BFH in einem Urteil vom 27. 10. 1989 (NJW 1990, S. 734) dazu wörtlich:

„*Unterhaltsleistungen eines Steuerpflichtigen an seinen Partner in einer eheähnlichen Lebensgemeinschaft erwachsen nicht allein schon aufgrund des – auch auf Dauer angelegten – Zusammenlebens und wegen der gemeinsamen Haushalts- und Wirtschaftsführung zwangsläufig i. S. von § 33 EStG 1977. Eine sittliche Verpflichtung zur Leistung von Unterhalt zwischen Partnern einer eheähnlichen Gemeinschaft kommt nur in Betracht, wenn die Bedürftigkeit eines Partners gemeinschaftsbedingt ist und besondere Umstände vorliegen, die die Unterhaltsgewährung bei Würdigung der gesamten Umstände als unausweichlich erscheinen lassen.*“

In einem Urteil vom 12. 4. 1991 (NJW 1991, S. 2312) gingen die Richter des höchsten deutschen Finanzgerichts sogar noch weiter. Sie dehnten diese Möglichkeit auch auf Unterhaltsleistungen aus, die an Partner einer gleichgeschlechtlichen Lebensgemeinschaft gezahlt werden. Zitat:

„Eine sittliche Verpflichtung zur Leistung von Unterhalt zwischen Partnern einer gleichgeschlechtlichen Lebensgemeinschaft volljähriger Personen kommt nur in Betracht, wenn die Bedürftigkeit eines Partners gemeinschaftsbedingt ist und besondere Umstände vorliegen, die die Unterhaltsgewährung bei Würdigung der gesamten Umstände als unausweichlich erscheinen lassen."

Nach der Rechtsprechung des Bundesfinanzhofes, erwachsen Unterhaltsleistungen eines Steuerpflichtigen an seinen Partner in einer eheähnlichen Lebensgemeinschaft nicht allein aufgrund des – auch auf Dauer angelegten – Zusammenlebens" (NJW 1991, S. 2312), vielmehr muß hinzukommen, daß eine sittliche Verpflichtung die Leistung als unausweichlich erscheinen läßt.

Das kann z. B. dann der Fall sein, wenn der eine Partner zuhause bleibt, um die gemeinsamen Kinder zu betreuen. Die Unterhaltsleistungen können dann steuermindernd geltend gemacht werden (§ 33a EStG).

Werbungskosten

Laut Urteil des Bundesfinanzhofes vom 21. 10. 1988 (NJW RR 1990 S. 1348) können Werbungskosten wegen doppelter Haushaltsführung *„nur anerkannt werden, wenn der eigene Hausstand im Sinne des § 9 Abs. 1 Nr. 5 Satz 2 EStG ein Familienhausstand ist.*

Dieser liegt nicht vor," so die Richter, *„wenn ein Arbeitnehmer mit einer Frau und deren Kind in nichtehelicher Lebensgemeinschaft in einem Haushalt zusammenlebt."*

Der Bundesfinanzhof geht also davon aus, daß eine doppelte Haushaltsführung nach dem Einkommenssteuergesetz unter anderem einen „Familienhausstand" voraussetzt. Dieser aber liege nur vor, wenn *„eine ehliche oder eine sonstige enge familiäre Verbindung des Steuerpflichtigen mit der in seinem Haushalt lebenden Person"* gegeben ist. Und daran fehlt es nach Meinung der Richter bei Partnern einer nichtehelichen Lebensgemeinschaft (übrigens ebenso wie bei Verlobten). Ein gemeinsamer Hausstand wird in diesen Fällen nur dann angenommen, wenn mindestens ein Kind des Lebensgefährten ein gemeinsames Kind beider Partner ist. Ist dies nämlich nicht der Fall, so besteht zwischen dem Kind und dem Steuerpflichtigen auch keine Verwandtschaft, mit der Folge, daß ein „Familienhausstand", wie ihn das Gesetz verlangt, nicht vorliegt. Das gemeinsame Kind stellt also die verwandtschaftlichen Bande dar, die für die Anerkennung von Werbungskosten wegen doppelter Haushaltsführung vorausgesetzt werden.

Ihre Rechte gegenüber dem Staat

8

Ehepaare werden bekanntlich in bezug auf staatliche Leistungen, aber auch in bezug auf Steuern vielfach anders behandelt als Einzelpersonen. Meist werden sie bevorzugt (gerade bei der Steuer), oft aber auch benachteiligt (etwa bei der Sozialhilfe). Mal zahlt der Staat mehr, gerade weil es sich um ein Ehepaar handelt, mal ist er aus demselben Grund besonders zurückhaltend. Mal kassiert er weniger, wenn jemand verheiratet ist, mal bittet er ihn gerade deshalb zur Kasse. Nicht selten kommt es vor, daß sich ein Paar entschließt, zu heiraten oder eben nicht zu heiraten, weil damit auch bestimmte Vor- oder Nachteile in bezug auf den Staat und seine Leistungen und Forderungen verbunden sind. Deshalb stellt sich immer wieder die Frage: Haben die Partner einer nichtehelichen Lebensgemeinschaft Anspruch darauf, genauso behandelt zu werden, wie die Partner in einer Ehe?

Grundsätzlich nein. Gerade was die Vorteile, die Ehegatten zuteil werden, betrifft, wird immer wieder festgestellt, daß die Ehe ja grundgesetzlich (Art. 6 GG) besonders geschützt ist, andere Formen des Zusammenlebens jedoch nicht. Im Einzelfall (leider aber oft gerade nicht im Hinblick auf die Vor-, sondern auf die Nachteile, die eine Ehe gegenüber staatlichen Leistungen mit sich bringt) erfolgt aber manchmal dann doch eine Gleistellung oder eine quasi-Gleichstellung wie sie zum Beispiel bei der Sozialhilfe zu beobachten ist.

Sozialhilfe

Ehepaare sind als Sozialhilfeempfänger gegenüber unverheirateten Personen benachteiligt. Zum einen bekommt ein Ehegatte, auch wenn er selbst nichts hat, solange keine Sozialhilfe, wie das Einkommen des anderen Ehegatten ausreicht, um auch ihn zu unterhalten (der Ehegattenunterhalt geht der Sozialhilfe unbedingt vor), zum anderen bekommen Verheiratete anteilig weniger Sozialhilfe, weil sie ja nur einen Haushalt führen und viele Dinge des täglichen Bedarfs (z. B. Haushaltsgegenstände) nur einmal brauchen. Unverheiratet zusammenlebende Personen könnten deshalb einerseits Sozialhilfe beanspruchen, auch wenn der jeweils andere genug verdient, um für beide aufzukommen. Außerdem würde ein unverheiratetes Paar mehr Sozialhilfe beanspruchen können als ein Ehepaar. Daß auf diese Weise Ehepaare doppelt benachteiligt würden, wollte der Gesetzgeber nicht zulassen und hat in § 122 Satz 1 des Bundessozialhilfegesetzes bestimmt:

„Personen, die in eheähnlicher Gemeinschaft leben, dürfen hinsichtlich der Voraussetzungen sowie des Umfanges der Sozialhilfe nicht besser gestellt werden als Ehegatten.“

Natürlich holen viele Paare ohne Trauschein trotzdem mehr für sich heraus, wenn sie dem Staat nicht gerade auf die Nase binden, daß sie eine nichteheliche Lebensgemeinschaft führen. Das ist zwar nicht rechtmäßig, kommt aber dennoch immer wieder vor. Wenn er allerdings davon erfährt, dann läßt sich der Staat in aller Regel auch nicht „lumpen“, wie ein Fall zeigt, den das Bundesverwaltungsgericht mit Urteil vom 20. 1. 1977 (FamRZ 1977, S. 392) entschieden hat.

Damals hatte ein arbeitsunfähiger Mann auf Gewährung des vollen Sozialhilfesatzes für Alleinstehende geklagt, der mit seiner Verlobten (mit der er auch noch ein Kind hatte) in derselben Wohnung wohnte. Der in der Vorinstanz mit dem Fall befaßte Hessische Verwaltungsgerichtshof konnte darin eine „eheähnliche Gemeinschaft“ noch nicht feststellen. Das Gericht führte aus, daß bei der Anwendung des § 122 BSHG ein strenger Maßstab anzulegen sei, weil die Bestimmung für Wohn- und Wirtschaftsgemeinschaften zwischen Personen desselben Geschlechts nicht gelte und daher im Hinblick auf das Gleichbehandlungsgebot (Art. 3 GG) gewissen Bedenken begegnen könnte. Nur dort, wo eindeutig eine umfassende gemeinschaftliche Wirtschaftsführung (einschließlich der damit notwendig verbundenen Planung) zwischen unverheirateten Partnern verschiedenen Geschlechts festgestellt werden könne, erscheine die Begrenzung der Sozialhilfe auf den für Ehegatten vorgesehenen Umfang gerechtfertigt. Angesichts dessen lasse sich in diesem Fall jedoch eine eheähnliche Gemeinschaft nicht feststellen. Das Verlöbnis und die Geburt eines Kindes müßten außer Betracht bleiben, denn für die Anwendung des § 122 BSHG komme es nicht auf geschlechtliche Beziehungen der Partner, sondern allein darauf an, ob sie in einer Wohn- und Wirtschaftsgemeinschaft lebten, das heißt, aus einem Topf wirtschafteten. Eine Wohngemeinschaft lasse sich hier jedoch nicht feststellen.

Mit der Behauptung, daß außer Liebe nichts zwischen ihnen bestehe, schon gar keine Wirtschaftsgemeinschaft, hatte das Paar also immerhin sogar den Hessischen Verwaltungsgerichtshof überzeugen können.

Das Bundesverwaltungsgericht wollte sich der Auffassung der hessischen Kollegen jedoch nicht anschließen und führte aus: „*Aus Gründen des verfassungsrechtlichen Gebots der Gleichbehandlung bestehen gegen § 122 Satz 1 BSHG mit seinem auf das Zusammenleben von Personen verschiedenen Geschlechts beschränkten Geltungswillen keine Bedenken.*

Für die Annahme einer eheähnlichen Gemeinschaft im Sinne des § 122 Satz 1 BSHG reicht es aus, daß eine Wohn- und Wirtschaftsgemeinschaft besteht; auf Intim-

beziehungen kommt es nicht an. Solche Beziehungen können jedoch ein gewichtiges Indiz für das Bestehen einer eheähnlichen Gemeinschaft im Sinne jener Vorschrift darstellen.“ Darauf, daß eine gemeinsame „Haushaltskasse“ vorhanden ist, komme es im übrigen bei einer Wirtschaftsgemeinschaft nicht an. Diese könne auch ohne strikte Kostenteilungsregelungen bestehen.

Damit war der Anspruch des „Familien“-Vaters auf den ungekürzten Sozialhilfebetrag endgültig abgeschmettert.

Arbeitslosenhilfe

Ähnlich verhält es sich mit der Arbeitslosenhilfe. Auch hier kann – wie bei einem Ehepaar – das Einkommen des nichtehelichen Partners (in diesem Fall nach § 138 Abs. 1 Nr. 1 Arbeitsförderungsgesetz – AFG –) sich nachteilig auf die eigenen Ansprüche auswirken.

An dieser Stelle sollte kurz der Unterschied zwischen Arbeitslosengeld und Arbeitslosenhilfe geklärt werden:

— Das Arbeitslosengeld wird unabhängig von der Bedürftigkeit des Arbeitslosen gewährt.

— Arbeitslosenhilfe wird gemäß § 134 Abs. 1 Nr. 3 AFG

hingegen nur dann gewährt, wenn der Arbeitslose auch bedürftig ist.

In den §§ 137, 138 AFG werden die Kriterien aufgezählt, nach denen beurteilt wird, ob jemand bedürftig ist oder nicht. Ist der Arbeitslose verheiratet, so ist nach § 137 Abs. 2 AFG auch das Vermögen des Ehegatten bei der Prüfung der Bedürftigkeit zu berücksichtigen. Außerdem muß, so will es § 138 Abs. 1 Nr. 2 AFG, auch das Einkommen des vom Arbeitslosen nicht dauernd getrennt lebenden Ehegatten berücksichtigt werden.

Lebt der Arbeitslose mit einem Partner in einer nichtehelichen Lebensgemeinschaft, so ist die Situation ähnlich: Schon aus § 138 Abs. 1 Nr. 1 AFG ergibt sich, daß auch Leistungen Dritter bei der „Bedürfnisprüfung" zu berücksichtigen sind – und das kann z. B. auch ein nichtehelicher Lebensgefährte sein. Der Gesetzgeber wollte eben auf jeden Fall vermeiden, daß Ehepaare schlechter abschneiden als nichteheliche Paare. Deshalb auch § 137 Abs. 2a AFG. Dort heißt es:
„Einkommen und Vermögen einer Person, die mit dem Arbeitslosen in eheähnlicher Gemeinschaft lebt, sind wie das Einkommen und Vermögen eines nicht dauernd getrennt lebenden Ehegatten zu berücksichtigen." (Eine der wenigen gesetzlichen Regelungen, in denen die „eheähnliche Gemeinschaft" ausdrücklich beim Namen genannt wird.)

Einkommen und Vermögen Ihres Lebensgefährten werden also angerechnet, ohne Rücksicht darauf, ob er Ihnen etwas davon abgibt oder nicht. Hat Ihr Partner ein hinreichend hohes Vermögen, dann kann es eben passieren, daß Sie – auch wenn Sie selbst keine müde Mark in der Tasche haben – Ihren Anspruch auf Arbeitslosenhilfe abschreiben müssen oder Ihr Anspruch sich zumindest mindert. Immerhin: § 137 Abs. 2a AFG kann seine negative Wirkung für Sie nur entfalten, wenn Ihnen nachgewiesen wird, daß Sie in einer nichtehelichen Lebensgemeinschaft leben. Alleine die Tatsache, daß Sie zusammen wohnen, kann für einen diesbezüglichen Beweis nicht genügen. Dann nämlich könnte man die Mitglieder jeder zweiten

Wohngemeinschaft (WG) von der Arbeitslosenhilfe ausschließen. Deshalb muß zusätzlich nachgewiesen werden, daß Sie einen gemeinsamen Haushalt führen. Bei getrennten Einkommen und getrennten Vermögen dürfte dieser Beweis, den das Arbeitsamt führen muß, allerdings reichlich schwerfallen.

BAFöG-Leistungen

Anders – und für nichteheliche Lebensgemeinschaften erfreulich positiv – sieht die Rechtslage z. B. beim Thema BAFöG-Leistungen aus: Während bei verheirateten BAFöG-Beziehern das Einkommen des Ehegatten „bedarfsmindernd" angerechnet wird, ist dies bei unverheirateten Paaren nicht der Fall.

Pension und Rente

Früher war der drohende Verlust von Witwenrenten oder -pensionen für viele Frauen Grund genug, auf eine neue Heirat zu verzichten. Das Resultat waren die sogenannten „Onkel-Ehen". Um dem vorzubeugen, führte der Gesetzgeber Abfindungsregelungen ein (vgl. § 615 RVO und § 21 BeamtVG). Danach gilt zwar immer noch: Wenn Sie als Witwe Ihren Lebensgefährten heiraten, so verlieren Sie Ihren Renten- bzw. Pensionsanspruch, der Ihnen von Ihrem ersten Mann zusteht. Sie erhalten dafür jedoch vom Staat eine Abfindung und natürlich das Recht, auch beim Tode Ihres neuen Ehegatten eine entsprechende Rente zu beziehen.

Anders als Ehegatten haben nichteheliche Lebensgefährten keinen Anspruch auf Rente bzw. Pension beim Tode des Partners, egal wie lange sie zusammengelebt haben. Ganz ohne Frage in vielen Fällen eine sehr harte und unbillige Regelung.

Anders sieht es in bezug auf die Waisenrente aus: Egal, ob ehelich oder nichtehelich, beim Tod eines Elternteils hat jedes Kind Anspruch auf Zahlung einer Waisenrente. Hier macht der Staat keine Unterschiede.

Wohngeld

Hat jemand ein geringes Einkommen, so kann er Wohngeld beantragen. Dieses wird in der Regel als Mietzuschuß gewährt. Nun ist es allerdings bei Ehepaaren so, daß die Einkommen zusammengezählt werden und dann festgestellt wird, ob ein Anspruch auf Wohngeld besteht oder nicht. Dadurch würden Ehepaare eindeutig gegenüber anderen Wohngemeinschaften benachteiligt. Weil das aber nach dem Grundgesetz nicht sein darf, hat sich der Gesetzgeber § 18 Abs. 2 Wohngeldgesetz ausgedacht. Dort heißt es in der Ziff. 2 Satz 1:

„Wohngeld wird nicht gewährt, . . . soweit ein Antragsberechtigter, der mit Personen, die keine Familienmitglieder . . . sind, eine Wohn- und Wirtschaftsgemeinschaft führt, besser gestellt wäre als im Rahmen eines Familienhaushalts entsprechender Größe.“

Oft läßt sich dieser Nachteil auch nicht dadurch vermeiden, daß man bestreitet, eine Wohn- und Wirtschaftsgemeinschaft zu führen. Das Bestehen einer solchen Gemeinschaft wird nämlich nach § 18 Abs. 2 Ziff. 2 Satz 2 „vermutet“, wenn „der Antragsberechtigte und die Personen Wohnraum gemeinsam bewohnen.“

Unterhaltsvorschuß

Hat einer der Lebensgefährten ein Kind, das das sechste Lebensjahr noch nicht vollendet hat, so kann für ihn unter Umständen folgende Regelung interessant werden:

Der Staat gewährt eine Unterstützung in Höhe des Regelunterhalts für das Kind, wenn

— der (unterhaltspflichtige) andere Elternteil nicht festgestellt werden kann (logisch, daß damit der Vater gemeint ist) bzw. wenn

— der andere Elternteil den Unterhalt nur sehr unregelmäßig oder gar nicht zahlt.

Damit soll verhindert werden, daß den Ärger wenigstens nicht das Kind ausbaden muß. Allerdings wird dieser sogenannte „Unterhaltsvorschuß" höchstens drei Jahre lang gezahlt. Voraussetzung dafür, daß Sie in den Genuß dieser Leistung kommen, ist, daß Sie das Kind selbst betreuen und nicht mit dem anderen Elternteil unter einem Dach zusammenleben.

Kein Hinderungsgrund ist übrigens, wenn z. B. die Mutter mit einem anderen Mann als dem Vater zusammenlebt.

Beispiel:

Felicitas Frank trifft in der Münchner „Schicki-Disco" ihren Traummann Mickey. Der Flirt bleibt nicht ohne Folgen. Felicitas bekommt ein Kind. Mickey bleibt unauffindbar, da Felicitas ein schlechtes Gedächtnis für Nachnamen hat. Ein Jahr später lernt sie ihre große Liebe Felix Frei kennen. Sie merkt sich diesmal nicht nur seinen Nachnamen, sondern zieht mit ihrem Kind in seine Wohnung. Da ihre finanzielle Lage nicht besonders rosig ist, beantragt sie einen Unterhaltsvorschuß.

Dieser wird ihr auch gewährt werden, da ihr Kind das sechste Lebensjahr noch nicht vollendet hat und Felix Frei nicht der Vater des Kindes ist. Wäre Felix Frei hingegen der Vater, so hätte Felicitas Frank natürlich keinen Anspruch auf Unterhaltsvorschuß.

Zu sonstigen staatlichen Leistungen siehe die Ausführungen im Kapitel „5. Kinder“ und im Kapitel „6. Beruf“.

Das Wichtigste auf einen Blick

- Wenn sie *Sozialhilfe* beantragen, dann wird das Einkommen Ihres Lebensgefährten regelmäßig angerechnet.
- Auch bei der Beurteilung, ob Sie Anspruch auf *Arbeitslosenhilfe* haben, wird das Einkommen Ihres Lebensgefährten berücksichtigt.
- Bei *BAFöG-Leistungen* hat die eheähnliche Lebensgemeinschaft keine bedarfsmindernde Wirkung.
- Ansprüche auf *Witwenrente oder -pension* verlieren Sie, wenn Sie Ihren Lebensgefährten heiraten, Sie bekommen dafür jedoch eine Abfindung vom Staat.
- Wenn Sie *Wohngeld* beantragen, wird dabei auch das Einkommen Ihres Lebensgefährten berücksichtigt.
- Wenn der andere Elternteil Ihres nichtehelichen Kindes nicht festgestellt werden kann oder den Unterhalt nicht ordnungsgemäß zahlt, haben Sie unter Umständen Anspruch auf *Unterhaltsvorschuß*.

Ihre Rechte mit Partnervertrag und Vollmachten

9

In vielen Fällen ist es besonders hilfreich, wenn die Partner einer nichtehelichen Lebensgemeinschaft einen Partnervertrag abschließen. Das wird oft als unromantisch verworfen und gibt vielleicht im einen oder anderen Fall auch Anlaß zu Zweifeln an der Liebe. Warum, so fragt sich manche/r, soll ich einen Partnervertrag abschließen, wenn wir doch ohnehin vorhaben, zusammenzubleiben? Meint es der andere etwa nicht ernst? Will er sich bloß auf meine Kosten absichern?

Bei näherer Betrachtung stellt sich heraus, daß ein Partnervertrag schlicht und ergreifend eine vertrauensbildende Maßnahme ist, auf die man nicht unbedingt verzichten sollte. Ein guter Partnervertrag wird nicht deshalb geschlossen, weil man damit rechnet, daß es vielleicht eines Tages auseinandergeht, sondern weil man vermeiden will, daß, wenn es zur Trennung kommen sollte, für einen oder beide ein größeres Dilemma daraus wird als nötig. Es kann auch ein Zeichen für Liebe sein, daß man dem Partner im Falle der Trennung Sicherheit zugesteht. Deshalb haben wir einen Partnervertrag (ein konkretes Beispiel mit einigen alternativen Varianten) erarbeitet, der unseres Erachtens ausgewogen, für beide Seiten fair ist und besondere Schwierigkeiten im Trennungsfall vermeiden helfen kann:

Partnervertrag

Partnervertrag
(mit Alternativlösungen in kursiver Schrift)

zwischen

Felix Frei
Blumenweg 13
8000 München 80

und

Felicitas Frank
Blumenweg 13
8000 München 80

§ 1 Regelungsbereich

Die Vertragschließenden vereinbaren, daß in bezug auf ihre gemeinsamen Angelegenheiten im Zweifel die Regelungen über die Gesellschaft des Bürgerlichen Rechts (§§ 705 ff. BGB) zur Anwendung kommen sollen.

§ 2 Gemeinsame Wohnung

Die Vertragsschließenden sind gleichberechtigte Mieter der Wohnung

Blumenweg 13
(1. Stock, links)
8000 München 80.

Der von beiden unterschriebene Mietvertrag ist datiert vom 13. 3. 1980. Vermieter ist Frau Frieda Augsburger. Die Vertragsschließenden erteilen sich für die Dauer des Mietverhältnisses Vollmacht für

- die Zustimmung zu Mieterhöhungsverlangen des Vermieters,
- die Zustimmung zu einer Verlängerung des Mietvertrages,
- die Erklärung der Kündigung des Mietverhältnisses,
- die Geltendmachung sämtlicher mietvertraglicher Rechte gegenüber dem Vermieter.

Erste Alternative zu § 2:

§ 2 Gemeinsame Wohnung

Von den Vertragsschließenden ist nur eine Partei, nämlich Frau Felicitas Frank, Mieter der Wohnung

Blumenweg 13
(1. Stock, links)
8000 München 80.

Zwischen den Vertragschließenden besteht ein Untermietverhältnis, das in einem gesonderten Mietvertrag niedergelegt ist. Felix Frei steht als Untermieter das Zimmer zur Westseite zu.

Zweite Alternative zu § 2:

§ 2 Gemeinsame Wohnung

Eigentümer der Wohnung (des Hauses)

Blumenweg 13
(Grundbuch-Nr. 123456)
8000 München 80

ist Herr Felix Frei zu 50 % und Frau Felicitas Frank zu 50 %. Alle Aufwendungen, die einer der Vertragschließenden für die Wohnung (das Haus) gemacht hat, insbesondere Ausgaben für die

Finanzierung, Renovierung oder anfallende Reparaturen werden im Falle der Auflösung der nichtehelichen Lebensgemeinschaft ausgeglichen.

§ 3 Kosten für die gemeinsame Wohnung

(1) Die Kosten für die Miete (einschließlich Nebenkosten) der gemeinsamen Wohnung der Vertragschließenden trägt zu 50 % Herr Felix Frei und zu 50 % Frau Felicitas Frank.

Alternative zu § 3 (1):

(1) Herr Felix Frei bezahlt einen Mietbeitrag von 50 % der Miete (einschließlich Nebenkosten) der gemeinsamen Wohnung, den er monatlich auf das Konto bei der Bayerischen Genossenschaftsbank AG mit der Nummer 00 - 111 213 überweist. Von diesem Konto wird monatlich die Miete für die gemeinsame Wohnung abgebucht.

(2) Die gleiche Vereinbarung betrifft auch anfallende Kosten für Schönheitsreparaturen oder gemeinschaftlich beschlossene Modernisierungsmaßnahmen sowohl während der Mietzeit als auch nach Beendigung des Mietverhältnisses.

(3) Die Kaution wird gestellt zu 50 % von Herrn Felix Frei und zu 50 % von Frau Felicitas Frank.

Zu diesen Prozentsätzen ist sie nach Beendigung des Mietverhältnisses an die Vertragschließenden auch wieder zurückzugewähren. Dies betrifft auch die angefallenen Zinsen.

§ 4 Hausrat

Herr Felix Frei bringt folgende Einrichtungsgegenstände in die gemeinsame Wohnung mit ein:

....

Frau Felicitas Frank bringt folgende Einrichtungsgegenstände in die gemeinsame Wohnung mit ein:

....

Für den Fall der Auflösung der nichtehelichen Lebensgemeinschaft der Vertragschließenden wird vereinbart, daß jeder die von ihm eingebrachten Einrichtungs- und Hausratsgegenstände (bzw. deren Einsatz) zurückerhält.

Wird mit dem Nachmieter nach Beendigung des Mietverhältnisses eine Kaution für bestimmte Einrichtungsgegenstände vereinbart, so steht diese demjenigen der Vertragschließenden zu, der die betreffenden Gegenstände in die gemeinsame Wohnung eingebracht hat. Wird für sämtliche Einrichtungsgegenstände eine Pauschalablöse vereinbart, so erhält jeder der Vertragschließenden 50 % der Ablösesumme, egal, wieviel er von den Einrichtungsgegenständen in die gemeinsame Wohnung eingebracht hat.

§ 5 Telefon

Der Telefonanschluß für die gemeinsame Wohnung wird beantragt von Frau Felicitas Frank und läuft auf den Namen von Frau Felicitas Frank. Sämtliche Kosten, die im Zusammenhang mit dem Telefon anfallen, werden von den Vertragschließenden zu gleichen Teilen getragen. Jeder der Vertragschließenden wird bevollmächtigt, den gemeinsamen Telefonanschluß zu kündigen.

§ 6 Kredite

Tilgungsraten und Zinsraten für den von Herrn Felix Frei am 13. 1. 1985 bei der Bayerischen Genossenschaftsbank AG aufgenommenen Kredit in

Höhe von 60 000 DM trägt Herr Felix Frei zu 50 % und Frau Felicitas Frank zu 50 %.

Für den Fall der Trennung steht Frau Felicitas Frank die Erstattung sämtlicher von ihr geleisteter Tilgungsraten und Zinsraten zu.

§ 7 Weitere Vollmachten

Die Vertragschließenden bevollmächtigen sich gegenseitig,

- Widerspruch gegen Mahnbescheide,
- Einspruch gegen Bußgeldbescheide oder Strafbefehle sowie
- Einspruch, Widerspruch oder Rechtsbehelf jeder Art einzulegen.

Diese Vereinbarung kann jederzeit einseitig gekündigt werden.

§ 9 Haushaltsgeld

Die Vertragschließenden steuern gemeinsam zum Haushaltsgeld bei und führen eine gemeinsame Haushaltskasse. Beide Parteien verpflichten sich, monatlich einen Betrag von 700,– DM auf das Konto Nr. 16 - 171 819 bei der Bayerischen Genossenschaftsbank AG einzuzahlen, für das beide Parteien volle Verfügungsvollmacht haben. Mit dem Geld werden die Kosten zur Deckung des gemeinsamen Lebensbedarfs gedeckt.

§ 10 Bankkonten

Für das Konto Nr. 00 - 123 456 bei der Bayerischen Genossenschaftbank AG, das auf den Namen Felix Frei lautet, soll im Falle der Auflösung der Lebensgemeinschaft der Vertragschließenden gelten, daß

Herr Felix Frei 0 % des Guthabens und

Frau Felicitas Frank 100 % des Guthabens erhält.

Alternative zu § 10:

§ 10 Bankkonten

Für das Konto Nr. 00 - 123 456 bei der Bayerischen Genossenschaftsbank AG, das ein Gemeinschaftskonto der Vertragschließenden ist, soll im Falle der Auflösung der Lebensgemeinschaft der Vertragschließenden gelten, daß

Herr Felix Frei 50 % des Guthabens erhält und

Frau Felicitas Frank 50 % des Guthabens erhält.

§ 11 Entgelt für besondere Leistungen

Frau Felicitas Frank erhält als Entgelt für die Führung des gemeinsamen Haushalts einen monatlich zu zahlenden Betrag von 1000,– DM. Außerdem verpflichtet sich Herr Felix Frei, für ihre angemessene Krankenversicherung aufzukommen.

§ 12 Abfindung

Bei Beendigung der Partnerschaft steht Frau Felicitas Frank/Herrn Felix Frei für ihre/seine Aufwendung für die Lebensgemeinschaft eine einmalige Abfindung in Höhe von 40 000 DM zu. Weitere Ansprüche bestehen nicht.

Erste Alternative zu § 12:

§ 12 Unterhalt

Bei Beendigung der Partnerschaft steht Frau Felicitas Frank/Herrn Felix Frei zur Abgeltung ihrer/seiner Aufwendungen für die Lebensge-

meinschaft ein Unterhaltsanspruch in Höhe von monatlich 1000 DM zu. Der Unterhaltsanspruch ist begrenzt auf eine Dauer von 10 Jahren. Weitere Ansprüche bestehen nicht.

Zweite Alternative zu § 12:

§ 12 Ansprüche bei Beendigung der Partnerschaft

Ansprüche der Vertragschließenden gegeneinander bestehen bei der Beendigung der Partnerschaft nicht.

§ 12a Mitarbeitsausgleich

Bei Beendigung der Partnerschaft steht Frau Felicitas Frank für die Mitarbeit im Betrieb von Herrn Felix Frei eine Abfindung in Höhe von 15 000 DM zu. Außerdem erhält sie für die von ihr in den Betrieb eingebrachten Sach- und Geldmittel einen Ersatz von pauschal 5000 DM. Weitere Ansprüche bestehen nicht.

§ 13 Gemeinsames Unternehmen

Die Vertragschließenden sind Mitinhaber des Unternehmens Reinigungsdienst Frank & Frei. Für den Fall ihrer Trennung vereinbaren sie, daß der Betrieb gemeinschaftlich weitergeführt wird.

Alternative zu § 13:

§ 13 Gemeinsames Unternehmen

Die Vertragschließenden sind Mitinhaber des Unternehmens Reinigungsdienst Frank & Frei. Für den Fall ihrer Trennung vereinbaren sie, daß der Betrieb von Frau Felicitas Frank allein weiter-

geführt wird. Herr Felix Frei scheidet aus dem Unternehmen aus. Er erhält dafür eine Abfindung in Höhe von 50 000 DM.

§ 14 Todesfall

Für den Fall, daß einer der Vertragschließenden vorzeitig stirbt, wird vereinbart, daß sämtliche Gegenstände, die in einer gesondert zu erstellenden Liste aufgezählt sind, in das Alleineigentum des überlebenden Partners übergehen.

Zum Ausgleich seiner finanziellen Belastungen während der Dauer der nichtehelichen Lebensgemeinschaft erhält außerdem der überlebende Partner einen Betrag von 20 000 DM als Vermächtnis (diese Bestimmung wird nochmals handschriftlich von beiden Vertragschließenden niedergelegt). Das alleinige Besitzrecht aller angemieteten Räume steht dem Überlebenden ebenso zu wie alle anderen Rechte und Pflichten aus dem Mietvertrag.

§ 15 Gültigkeitsbestimmung

Für den Fall, daß eine oder mehrere Bestimmungen dieses Vertrages ungültig oder nichtig sind, gelten die anderen Bestimmungen fort. Ungültige oder nichtige Bestimmungen werden im Wege der sinngemäßen Vertragsauslegung gemäß dem zu vermutenden Willen der Vertragschließenden ergänzt.

München, den . . .

....

(Unterschriften) Felicitas Frank Felix Frei

Dieser Partnerschaftsvertrag ist eine Möglichkeit (mit Alternativen) unter vielen. Selbstverständlich kommt es beim Abschluß eines solchen Vertrages auf die jeweiligen Bedürfnisse des Paares an. Deshalb kann es *den* Partnerschaftsvertragsentwurf nicht geben. Um ihnen aber auch noch eine Anregung für eine etwas kürzere Vereinbarung zu geben, schlagen wir folgendes Vertragsmuster vor, wobei diesmal auf die Aufzählung von Alternativen verzichtet wurde:

Partnervertrag (Kurzfassung)

Vertragschließende:
1. Felicitas Frank,
   Elfenbeinstr. 11
   8000 München 70
2. Felix Frei,
   Elfenbeinstr. 11
   8000 München 70

Wir, Felicitas Frank und Felix Frei, schließen folgenden Vertrag:

§ 1

Unsere Partnerschaft hat am 30. 5. 1992 begonnen. Sie ist auf Dauer angelegt.

§ 2

Wir sind nicht verlobt, eine Heirat ist in absehbarer Zeit nicht geplant.

§ 3 Gemeinsame Wohnung

Felicitas Frank ist in die von Felix Frei angemietete Wohnung in der Elfenbeinstraße 11 eingezogen. Felix Frei bleibt weiterhin alleiniger

Mieter der Wohnung; er bezahlt die Miete und die Nebenkosten an den Vermieter. Felicitas Frank wird von einer diesbezüglichen Inanspruchnahme freigestellt. Die Vertragschließenden sind sich darüber einig, daß im Falle einer Trennung Felicitas Frank zum Auszug aus der Wohnung verpflichtet ist. Die Räumungsfrist beträgt drei Monate. Die Räumungsfrist beginnt mit der ausdrücklichen schriftlichen Aufforderung durch den Partner. Die Aufnahme Dritter in die Wohnung bedarf der Zustimmung beider Partner.

§ 4 Unterhalt

Felix Frei trägt die an den Vermieter zu zahlenden Miet- und Nebenkosten. Die sonstigen Kosten für den Lebensunterhalt werden gemeinsam zu gleichen Teilen getragen. Nach der Trennung hat keiner der Partner einen Anspruch auf Unterhaltsgewährung.

§ 5 Haushalt

Der Haushalt wird gemeinsam geführt. Beiträge zur gemeinsamen Haushaltsführung werden nicht ersetzt.

§ 6 Vertretung

(1) Vollmacht für den Fall einer Krankheit oder eines Unfalls (siehe unten: „Vollmacht für den Krankheitsfall" S. 134).

(2) Ansonsten tritt jeder von uns nur für sich selbst auf; der andere Partner wird hierdurch weder berechtigt noch verpflichtet.

§ 7 Eigentumsverhältnisse

(1) An den während der Partnerschaft erworbenen Haushaltsgegenständen erhält jeder Miteigentum.

(2) Für Nutzungen an den Gegenständen des Partners wird nach der Beendigung der nichtehelichen Lebensgemeinschaft keine Entschädigung gewährt.

§ 8 Geschenke

Bei Beendigung der Partnerschaft findet eine Rückgewähr der Geschenke und Zuwendungen nicht statt. Die Vertragschließenden handeln diesbezüglich in Kenntnis der Aufhebbarkeit der nichtehelichen Lebensgemeinschaft.

§ 9

Änderungen und Ergänzungen dieses Vertrages können nur in schriftlicher Form erfolgen.

Treten während des Bestehens unserer Lebensgemeinschaft Umstände ein, die die Grundlage dieses Vertrages ändern, so verpflichten wir uns, die Vereinbarung den geänderten Umständen anzupassen.

Für den Fall, daß eine der vorstehenden Bestimmungen unwirksam ist oder wird, sollen die übrigen Bestimmungen wirksam bleiben.

München, den . . .

....
(Unterschriften) Felicitas Frank Felix Frei

Bei aller Bemühung, möglichst allen wichtigen Bereichen des Zusammenlebens im Rahmen eines Partnervertrags gerecht zu werden, darf doch nicht unerwähnt bleiben, daß sich nicht alles unbegrenzt regeln läßt.

Ein besonderes Beispiel hierfür bildet die Frage nach der Empfängnisverhütung. Ob verheiratet oder nicht, jedes Paar macht sich Gedanken, wie ungewollte Schwangerschaften vermieden werden können und sollen. Dann wird meist ein sogenanntes „Gentlemen's Agreement" getroffen. Eine Abmachung, die zwar eigentlich keine ist, an die sich aber beide halten. Gerade für nichteheliche Lebensgefährten mag es dabei ein interessanter Gedanke sein, die Frage nach der Empfängnisverhütung vertraglich zu regeln – sozusagen als Versicherung vor späteren unerwünschten „Nebenfolgen".

Eine vertragliche Regelung über den Gebrauch empfängnisverhütender Mittel ist indes meist unverbindlich. Auch wenn Sie also gegebenenfalls auf eine entsprechende Klausel im Partnervertrag pochen können (z. B. „Felix Frei verpflichtet sich, zur Verhütung ungewollter Schwangerschaften regelmäßig die neu entwickelte ‚Bambino-blocker'/Pille für den Mann! zu nehmen."), werden Sie daraus in der Regel keine Ansprüche herleiten können.

Vollmachten

Nicht jedes Paar will seine Partnerschaft auf die Basis eines umfassenden Vertrags stellen. Viele nichteheliche Lebensgemeinschaften sagen sich natürlich, „Dann hätten wir ja gleich eine Ehe schließen können, wenn wir uns jetzt doch gegenseitig Paragraphen um die Ohren schlagen". – Das ist richtig und falsch zugleich. Natürlich verlieren Sie durch einen Partnervertrag gewisse Freiheiten. Ein Vergleich mit dem Eherecht allerdings hinkt mit beiden Beinen. Das deutsche Eherecht und die damit verbundenen Bezugnahmen auf andere Rechtsbereiche sind so umfangreich und kompliziert, daß Ihr Partnervertrag schon ein mehrhundertseitiges Paragraphenwerk sein müßte, um auch nur annähernd damit verglichen werden zu können. Ein „normaler“ Partnervertrag kann und soll deshalb auch nur einige wichtige Kernpunkte und Hauptprobleme abdecken und die größten Risiken ausräumen. Wem aber selbst das zuviel ist, der sollte sich zumindest darüber Gedanken machen, welche Vollmachten man sich gegenseitig erteilen könnte.

Dabei gibt es im wesentlichen zwei Möglichkeiten:

— Sie können zum einen Ihrem Partner Vollmacht zum Abschluß bestimmter Geschäfte erteilen und
— ihm zum anderen auch bestimmte Rechte einräumen.

Vollmacht für den Krankheitsfall

Besonders wichtig ist die Vollmacht für den Fall, daß Sie einmal krank werden und über Ihre Behandlung nicht mehr selbst entscheiden können. Da Ihr Partner (in der Regel) nicht mit Ihnen verwandt ist, kann er ohne Vollmacht nichts für Sie unternehmen. Er kann dem Arzt keine Anweisungen geben, kann nicht für Sie entscheiden, ob Sie nötigenfalls operiert werden sollen oder nicht, ja er hat noch nicht einmal ein Auskunftsrecht dem Arzt gegenüber. Kurzum: Ihm sind auf der ganzen Linie die Hände gebunden. Wenn Sie wollen, daß in einem Notfall eine Person Ihres Vertrauens für Sie die (vielleicht lebensnotwendigen) Entscheidungen trifft, geben Sie deshalb Ihrem Lebensgefährten eine entsprechende „Vollmacht für den Krankheitsfall“ - und zwar schriftlich, damit Ihr Partner seine Entscheidungs- und Auskunftsbefugnis auch nachweisen kann. Folgende Muster-Vollmacht zeigt inhaltliche Schwerpunkte auf:

Muster-Vollmacht
für den Krankheitsfall

Für den Fall, daß ich, Felix Frei, aufgrund von Krankheit, Verletzung, Gebrechlichkeit oder in sonstiger Weise nicht in der Lage bin, Entscheidungen zu treffen, wird meine Lebensgefährtin Felicitas Frank wie folgt bevollmächtigt:

1. Felicitas Frank darf für mich alle Entscheidungen treffen, die sich auf die Behandlung der Krankheit oder Verletzung beziehen.
2. Sie darf ferner über die Art und Dauer der mir zukommenden Pflege entscheiden.
3. Die Vollmacht erstreckt sich auch auf die Einwilligung in ärztliche Eingriffe, Untersuchungen sowie auf die Erteilung von Weisungen an den Arzt, und zwar insoweit, wie ich selbst dazu berechtigt wäre.
4. Felicitas Frank steht ein uneingeschränktes Besuchsrecht zu.
5. Diese Vollmacht gilt für die Dauer unserer nichtehelichen Lebensgemeinschaft.

München, den . . .

....
(Unterschrift) Felix Frei

Vollmacht für das Bankkonto

Auch bei Bankgeschäften kann es natürlich immer einmal vorkommen, daß man sich vertreten lassen möchte oder muß. Solange nicht jeder der Partner für sein eigenes Konto den Lebensgefährten bereits vor Ort (bei der Bank) zu bestimmten Tätigkeiten oder generell bevollmächtigt hat, läßt sich das immer noch nachholen, durch eine Vollmacht, die Sie auch zu Hause aufsetzen können, und die Ihr Lebensgefährte dann einfach bei der Bank vorlegt, wobei übrigens eine telefonische Vorankündigung manchmal nützlich ist. Auch hierzu folgende Beispiele einer Muster-Vollmacht:

Mustervollmacht
für das Bankkonto

Hiermit bevollmächtige ich, Felicitas Frank, meinen Lebensgefährten Felix Frei, von meinem Konto (Nr. ....) bei der Bayerischen Genossenschaftsbank DM . . . abzuheben.

München, den . . .

....
(Unterschrift) Felicitas Frank

Alternative zur Vollmacht für das Bankkonto:

Muster-Vollmacht

Hiermit erteile ich, Felicitas Frank, meinem Lebensgefährten Felix Frei Vollmacht, über mein Konto (Nr. ....) bei der Bayerischen Genossenschaftsbank frei zu verfügen. Die Vollmacht umfaßt insbesondere die Erteilung von Auskünften durch die Bank, die Tätigung von Überweisungen sowie das Abheben beliebiger Geldbeträge. Die Vollmacht gilt für die Dauer unserer Lebensgemeinschaft.

München, den . . .

....
(Unterschrift) Felicitas Frank

Postvollmacht

Schließlich sollten Sie sich überlegen, ob für Sie nicht eine Vollmacht für die Entgegennahme der Post in Frage käme. In der Regel händigt der Briefträger den eingeschriebenen Brief nur an den Adressaten, allenfalls an ein Familienmitglied oder einen Bevollmächtigten aus. Deshalb, wenn Sie Ihrem Lebensgefährten gegenüber auf das Postgeheimnis keinen Wert legen, erteilen Sie ihm eine Postvollmacht.

Zum Beispiel:

Muster-Vollmacht
für Entgegennahme der Post

Hiermit bevollmächtige ich, Felix Frei, meine Lebensgefährtin Felicitas Frank, alle an mich adressierten Postsendungen entgegenzunehmen. Diese Vollmacht erstreckt sich insbesondere auch auf die Entgegennahme von eingeschriebenen Postsendungen und Paketen.

München, den . . .

....
(Unterschrift) Felix Frei

Zwar hat das Landgericht Nürnberg-Fürth kürzlich entschieden, daß grundsätzlich auch der nichteheliche Lebensgefährte zur Entgegennahme insbesondere gerichtlicher Schreiben ausreicht (Az. 13 S 2758/91). Doch haben die Richter dies an die Voraussetzung geknüpft, daß in der nichtehelichen Lebensgemeinschaft mindestens ein gemeinsames Kind vorhanden ist (damit die nach dem Gesetz erforderliche „familienrechtliche Verknüpfung“ vorliegt).

Nachdem man dem Postboten eine solche Überprüfung der Verwandtschaftsverhältnisse der Beteiligten wohl kaum zumuten kann, ist und bleibt die gute alte Postvollmacht wohl doch der sinnvollste Weg.

Ihre Rechte beim Unterhalt

10

Unterhalt vom nichtehelichen Partner?

„Die Ehegatten sind einander verpflichtet, durch ihre Arbeit und mit ihrem Vermögen dic Familie angemessen zu unterhalten“ heißt es in § 1360 Satz 1 BGB. Wie aber ist es mit den Partnern einer nichtehelichen Lebensgemeinschaft? Gibt es auch hier eine Verpflichtung, den Partner zu unterhalten?

Eine solche Verpflichtung besteht nach geltendem Recht nicht. Das kann schwerwiegende Folgen haben. Wenn Ihr Lebensgefährte nicht will, dann braucht er zu Ihrem Lebensunterhalt nichts beizutragen, egal, ob Sie den Haushalt versorgen, sich um die Kinder kümmern, ja ihn vielleicht sogar selbst pflegen und für ihn alles erledigen. Ihr nichtehelicher Partner ist grundsätzlich zu nichts verpflichtet. Er muß Ihnen nicht einmal dann Unterhalt zahlen, wenn Ihnen wegen seines Einkommens die Sozialhilfe gekürzt werden sollte. Besonders schlimm wirkt sich dies oft auf die Situation von Hausfrauen/Hausmännern aus, die, wie es ja auch bei der Ehe so oft der Fall ist, nichts anderes tun, als Haushalt und Kinder zu versorgen und deshalb kein eigenes Geld verdienen. Weder während noch nach der Lebensgemeinschaft gibt es einen Anspruch auf Unterhalt oder Ausgleich für diese Tätigkeit. Deshalb ist die Stellung des nichterwerbstätigen Lebensgefährten extrem schwach und im Vergleich zur Ehe wesentlich schlechter.

Um zu große soziale Härten zu vermeiden, gibt es von Gesetzes wegen einige wenige Ausnahmen von diesem Grundsatz, wonach eine Unterhaltspflicht, komme was wolle, nicht eintritt. Sie gelten für den Fall, daß die nichteheliche Lebensgefährtin schwanger ist bzw. das Kind bereits bekommen hat. So heißt es z. B. in § 615k Abs. 1 BGB:

„Der Vater ist verpflichtet, der Mutter die Kosten der Entbindung und, falls infolge der Schwangerschaft oder der Entbindung weitere Aufwendungen notwendig werden, auch die dadurch entstehenden Kosten zu erstatten. Dies gilt nicht für Kosten, die durch Leistungen des Arbeitgebers oder durch Versicherungsleistungen gedeckt werden.“

Noch wichtiger § 1615l Abs. 1 und Abs. 2 BGB, der besagt:

„(1) Der Vater hat der Mutter für die Dauer von sechs Wochen vor und acht Wochen nach der Geburt des Kindes Unterhalt zu gewähren.

(2) Soweit die Mutter einer Erwerbstätigkeit nicht nachgeht, weil sie infolge der Schwangerschaft oder einer durch die Schwangerschaft oder die Entbindung verursachten Krankheit dazu außerstande ist, ist der Vater verpflichtet, ihr über die in Absatz 1 bezeichnete Zeit hinaus Unterhalt zu gewähren. Das gleiche gilt, wenn die Mutter nicht oder nur beschränkt erwerbstätig ist, weil das Kind anderenfalls nicht versorgt werden könnte. Die Unterhaltspflicht beginnt frühestens vier Monate vor der Entbindung; sie endet spätestens ein Jahr nach der Entbindung.“

Sie sind also als Mutter eines nichtehelichen Kindes nicht völlig ungeschützt. Wenn Sie nicht arbeiten können, weil Sie ein Kind bekommen oder bekommen haben, können Sie vom Vater bis zu 16 Monate Unterhalt verlangen. Das ist nicht viel, es hilft aber doch wenigstens über die schwerste Zeit hinweg. Die genannten Unterhaltsansprüche bestehen übrigens auch dann, wenn Sie eine Fehlgeburt hatten bzw. wenn das Kind tot zur Welt gekommen ist.

Sie sind natürlich nicht darauf angewiesen, sich dieser reichlich dünnen Rechtslage bedingungslos auszuliefern. Schließlich können Sie jederzeit einen Vertrag schließen, in dem Sie selbst Regelungen zum Unterhalt treffen, sei es, daß Sie sich gegenseitig absichern, sei es, daß nur der wirtschaftlich schwächer gestellte Partner einen Unterhaltsanspruch bekommt. Dazu sollten Sie sich allerdings am besten von einem Fachmann (Rechtsanwalt oder Notar) gründlich beraten lassen. Immerhin geht es dabei unter Umständen um die wirtschaftliche Basis Ihres künftigen Lebens.

Ausbildungsunterhalt und Ausbildungsförderung

Die Eltern sind nach §§ 1601 ff., 1610 Abs. 2 BGB dazu verpflichtet, ihren Kindern Ausbildungsunterhalt zu gewähren. Was passiert aber, wenn das Kind langsam den Kinderschuhen entwächst, plötzlich eine nichteheliche Lebensgemeinschaft eingeht und seinen Unterhalt nunmehr vom Lebensgefährten bezieht? Kann es dann doppelt kassieren?

Laut § 1602 Abs. 1 BGB ist unterhaltsberechtigt „nur wer außerstande ist, sich selbst zu unterhalten". Wenn also der nichteheliche Partner den Unterhalt bestreitet, dann besteht keine Unterhaltsberechtigung gegenüber den Eltern. Das hat auch das Oberlandesgericht Koblenz mit Urteil vom 20. 6. 1991 (FamRZ 1991, S. 1469) entschieden. Dem lag folgender Fall zugrunde:

Felicitas Frank studiert Psychologie. Sie lebt mit ihren zwei Kindern in einer nichtehelichen Lebensgemeinschaft mit Felix Frei, seines Zeichens Sozialpädagoge. Felix Frei knausert nicht. Er gibt sein Geld für die nichteheliche Lebensgemeinschaft munter aus. Trotzdem verlangt Felicitas Frank von ihren Eltern Ausbildungsunterhalt. „Das steht mir nämlich zu!“ – „Denkste,“ kontert Vater Frank, „mit uns nicht!“

Schließlich kommt der Fall vor den Kadi, und am Ende sind die Richter des Oberlandesgerichts Koblenz am Drücker. Und die urteilen folgendermaßen:

„Im Rahmen einer auf Dauer angelegten nichtehelichen Lebensgemeinschaft vom Lebensgefährten geleistete Zuwendungen mindern die Unterhaltsbedürftigkeit auch dann, wenn der Unterhaltsberechtigte keine entsprechenden hauswirtschaftlichen Versorgungsleistungen erbringt.“

Sich aufs Studium berufen nützt also alleine noch nichts, wenn Sie Ausbildungsunterhalt von Ihren Eltern fordern. Wenn ein anderer zahlt, sind Ihre Eltern entweder zum Teil oder ganz frei.

Ihre Rechte bei der Trennung

11

Die meisten Probleme der nichtehelichen Lebensgemeinschaft sind – nicht anders als bei der Ehe – mit der Trennung der Partner verbunden. Doch während es dort eine Fülle von Gesetzen gibt, die jede Einzelheit bis ins Detail regeln, ermangelt es hier jeglicher gesetzlicher Regelung. Insbesondere die Frage „Wer bekommt was und welche Ausgleichsansprüche gibt es?“ stellt die (ehemaligen) Partner einer Ehe ohne Trauschein oft vor schwierige Probleme. Hier gibt es nämlich keine klaren Grundsätze. Etwas anderes ist dies zum Glück in Fragen Kinder und Wohnung.

Kinder

Die Kinder „gehören“ der Mutter, wie sich aus der konsequenten Zuordnung der elterlichen Sorge für nichteheliche Kinder zur Mutter, die in § 1705 BGB festgelegt ist (näheres siehe unter Kapitel „5. Kinder“ S. 59), eindeutig ergibt.

Daran wird wohl auch der Beschluß des Bundesverfassungsgerichts vom 7. 5. 1991 (NJW 1991, S. 1944) wenig ändern. Zwar haben die obersten Richter den § 1738 Abs. 1 BGB, der den nichtehelichen Vater vom Sorgerecht praktisch völlig ausschloß, für teilweise verfassungswidrig erklärt und damit scheinbar den Weg freigemacht für ein gemeinsames Sorgerecht. Doch die Bedingungen, die das Bundesverfassungsgericht an ein gemeinsames Sorgerecht knüpft, sind anspruchsvoll genug: Die Eltern müssen zusammenleben, bereit sein, das Sorgerecht gemeinsam zu übernehmen und das Ganze muß dem Kindeswohl entsprechen. Diese Kriterien lassen sich bei einer Trennung – zumindest teilweise – nun einmal nicht erfüllen. Daher wird auch weiterhin die Entscheidung in der Regel lauten: Das Kind gehört zur Mutter.

Wohnung

Die Wohnung kann der Mieter beanspruchen. Wenn nur einer der (ehemaligen) Partner als Mieter den Mietvertrag unterzeichnet hat, hat er das Recht in der Wohnung zu bleiben und den anderen vor die Tür zu setzen. Wenn beide Partner Mieter sind, ist die Lage etwas schwieriger. Dann nämlich haben beide das gleiche Recht an der Wohnung. Da es eine Zuweisung der Wohnung an den sozial und/oder wirtschaftlich schwächeren (wie etwa bei den Ehegatten im Rahmen der Hausratsverordnung) nicht gibt, wird sich hier im Zweifel der Stärkere durchsetzen. (Näheres siehe im Kapitel „1. Mietrecht." S. 17).

Hausrat

Wie aber steht es z. B. um den gemeinsamen Hausrat? Wie üblich gibt es auch hierfür kein Gesetz, das auf die nichteheliche Lebensgemeinschaft abstellt. Deshalb wird zu allererst erwartet, daß sich die ehemaligen Partner gütlich einigen, das heißt entweder nach dem Strickmuster „Ein Stück Du, ein Stück ich" oder „Du dieses, ich jenes" oder „Du kannst es haben, mußt mir aber einen angemessenen Ausgleich dafür zahlen". Doch gerade im Ärger der Trennung sind beide oft nicht fähig einen kühlen Kopf zu behalten. Dann wird gestritten, welches Stück wer gekauft hat, wer wovon wieviel bezahlt hat und wieviel die Sachen überhaupt wert sind. Der Weg zum Gericht ist in diesen Fällen oft nicht mehr weit.

Wie der Richter in bezug auf Gegenstände, die einer von beiden angeschafft hat, entscheiden wird, liegt auf der Hand: Jeder bekommt das, was ihm gehört. Und das ist im Zweifel immer das, wofür er eine Quittung auf den Tisch legen kann. Im übrigen empfiehlt sich der Abschluß eines Eigentumsvertrages, in dem aufgezählt wird, wem welche Gegenstände gehören (siehe dazu auch im Kapitel „2. Haushalt“ S. 39).

Bei gemeinsam angeschafften Gegenständen kann es sowohl sein, daß einer der Partner Alleineigentum daran erworben hat, als auch, daß beide Bruchteilseigentum daran erworben haben (auch dazu siehe Kapitel „2. Haushalt“ S. 35). Steht ein Gegenstand im Bruchteilseigentum beider Partner, so bedeutet das bei der Trennung: teilen.

Erwirbt nun ein Partner einen Gegenstand mit eigenen Mitteln, aber für den gemeinsamen Haushalt, was gilt dann? Liegt dann im Zweifel ein Erwerb zu Bruchteilseigentum vor? Diese Auffassung vertrat z. B. das Landgericht Aachen in einem Urteil vom 8. 10. 1982 (FamRZ 1988, S. 61). Die neuere Rechtsprechung teilt allerdings diese Meinung nicht. So geht z. B. das OLG Hamm in einem Urteil vom 28. 9. 1988 (FamRZ 1989, S. 616) vom Gegenteil aus: Der Erwerb zu Bruchteilseigentum ist demnach die Ausnahme, der Erwerb zu Alleineigentum hingegen die Regel. Das bedeutet:

Wenn ein Partner einen Gegenstand für den Haushalt einer nichtehelichen Lebensgemeinschaft besorgt und diesen mit eigenen Mitteln bezahlt, dann bleibt er Alleineigentümer. Er kann die Sache im Trennungsfall also behalten bzw. – wenn sie gerade im Besitz des anderen ist – herausverlangen.

Anders, wenn Sie einen Gegenstand mit gemeinsamen Mitteln erworben haben. Dann nämlich lautet der Regelfall: Bruchteilseigentum. Jedem gehört also ein bestimmter Anteil an der Sache. – Schön und gut, aber wie komme ich zu meinem Anteil? Die Antwort auf diese Frage hat uns ebenfalls das Landgericht Aachen (in der schon oben erwähnten Entscheidung), gegeben:

„Bei der Bejahung von Bruchteilseigentum hat die Auseinandersetzung der Partner gegebenenfalls nach den §§ 749, 752, 753 BGB durch Veräußerung gemäß den Vorschriften über den Pfandverkauf zu erfolgen."

Was das heißt, läßt sich nur klarmachen, wenn wir das Gesetz an der entsprechenden Stelle selbst zu Wort kommen lassen. Die §§ 752 und 753 BGB lauten wie folgt:

— § 752 BGB: „Die Aufhebung der Gemeinschaft erfolgt durch Teilung in Natur, wenn der gemeinschaftliche Gegenstand, oder falls mehrere Gegenstände gemeinschaftlich sind, diese sich ohne Verminderung des Wertes in gleichartiger, den Anteilen der Teilhaber entsprechende Teile zerlegen lassen. Die Verteilung gleicher Teile unter die Teilhaber geschieht durch das Los."

— § 753 BGB „(1) Ist die Teilung in Natur ausgeschlossen, so erfolgt die Aufhebung der Gemeinschaft durch Verkauf des gemeinschaftlichen Gegenstandes nach den Vorschriften über den Pfandverkauf, bei Grundstücken durch Zwangsversteigerung, und durch Teilung des Erlöses. Ist die Veräußerung an einen Dritten unstatthaft, so ist der Gegenstand unter den Teilhabern zu versteigern.

(2) Hat der Versuch den Gegenstand zu verkaufen, keinen Erfolg, so kann jeder Teilhaber die Wiederholung verlangen; er hat jedoch die Kosten zu tragen, wenn der wiederholte Versuch mißlingt."

Leider läßt sich ja nicht alles beliebig teilen. Deshalb sollten Sie – wenn die Teilung eines Gegenstandes nicht möglich ist – versuchen, eine andere Regelung zu finden als den Verkauf. Denn hierbei wird die betreffende Sache oft unter Wert verkauft und am Ende sind beide Partner geschädigt. Falls die emotionelle Lage dies zuläßt, können Sie ja dem (Ex-)Partner den einen oder anderen Gegenstand ganz überlassen und dafür etwas Anderes ganz behalten.

Ausgleich für Mitarbeit

Häufig kommt es auch vor, daß einer der Partner im Unternehmen des anderen mitarbeitet und so zum – zunächst gemeinsamen, später aber nur einem der beiden, nämlich dem Inhaber gereichenden – Wohlstand beiträgt. Dann stellt sich die Frage: Gibt es eine Ausgleichspflicht für erbrachte Arbeiten im Betrieb des nichtehelichen Partners?

Wenn es eine vertragliche Vereinbarung über diese Frage, etwa einen Arbeitsvertrag oder einen Abfindungsvertrag gibt, ist die Antwort natürlich nicht schwer. Dann gilt, was im Vertrag steht. Häufig existiert jedoch ein solcher Vertrag nicht. Viele Paare denken ungern oder gar nicht daran, was ist, wenn sie sich trennen oder wenn einer von beiden stirbt. Deshalb unterbleiben oft Vereinbarungen über wichtige Fragen, die eigentlich dringend nötig wären. Die Chancen, die der benachteiligte Partner (auch vor Gericht) hat, seine eingebrachte Arbeit oder das von ihm zur Verfügung gestellte Geld in irgendeiner Weise ersetzt zu bekommen, stehen in aller Regel schlecht, wie uns beispielhaft ein Fall vor Augen führt, den das OLG Frankfurt/M. mit Beschluß vom 23. 10. 1981 (FamRZ 1982, S. 265) zu entscheiden hatte:

Damals hatte ein Mann, der 17 Jahre lang mit seiner Lebensgefährtin zusammengelebt hatte, nach deren

Tod die Hälfte ihres Vermögens von den Erben gefordert, sowie eine Vergütung von 12 400,— DM für die Pflege und Betreuung seiner schwerkranken Lebensgefährtin. Seinen Anspruch auf die Hälfte des Vermögens begründete er damit, daß die Guthaben seiner Partnerin zur Hälfte auf von ihm geleisteten Zahlungen beruhten. Er habe während des ganzen Zusammenlebens sein gesamtes Einkommen auf die Konten der Erblasserin überweisen lassen.

Außer der – jeweils auf die Mieter umgelegten – Vergütung für die Verwaltung des Hauses der Erblasserin über 17 Jahre hinweg in einer Gesamthöhe von 29 364,— DM und den Vergütungen für die Reinigung des Bürgersteigs (insgesamt 7503,— DM) eine von ihm durchgeführte Renovierung der Fenster (18 320,— DM) seien auf diese Weise auch die Einnahmen aus seiner Tätigkeit als Sachverständiger und Wertschätzer in Höhe von 34 407,— DM sowie eine Sozialrente mit einem Gesamtbetrag von 71 354,40 DM auf die Konten der Erblasserin geflossen. Demnach habe er etwa 160 000,— DM zum gemeinsamen Vermögen des Paares beigesteuert, etwa ebensoviel wie seine Partnerin durch die Einnahmen aus dem Haus.

Dazu stellte das Gericht ziemlich lapidar fest: *„Bei der Auflösung einer ‚eheähnlichen Lebensgemeinschaft' entstehen mangels einer Rechtsgrundlage – und mangels einer vertraglichen Regelung – grundsätzlich keine Ausgleichsansprüche. Dies gilt in der Regel selbst dann, wenn ein Partner mit Hilfe gemeinsamer Leistungen ein Vermögen gebildet hat. Insbesondere kommen Ansprüche aus Gesellschaftsrecht (§§ 750 ff. BGB) nicht in Betracht, da die Partner im allgemeinen keinen über den typischen Rahmen ihrer Lebensgemeinschaft hinausgehenden Zweck i. S. des § 705 BGB verfolgen."*

Selbst in einem so eindeutigen Fall ist also die Gefahr, mit leeren Händen dazustehen sehr groß. Um dieser Gefahr vorzubeugen, empfiehlt es sich unbedingt, vertraglich wenigstens festzuhalten „Wir verfolgen den gemeinsamen Zweck, ein möglichst großes gemeinschaftliches Vermögen zu schaffen." Dann kommt zumindest grundsätzlich eine Teilung des Vermögens in Betracht, nach Richtlinien, wie sie für eine Gesellschaft des bürgerlichen Rechts gelten. Noch besser ist natürlich ein ausführlicher Vertrag. Dann können Sie sichergehen, daß auch tatsächlich Ihr Wille geschieht.

Geschenke

Auch die Frage nach den gegenseitigen Geschenken kommt im Falle der Trennung immer wieder hoch. Sie haben ja dem Partner nicht nur Ihr Herz geschenkt, sondern auch den Schmuck, die teure Armbanduhr oder die Kiste „68er Château Margaux", die noch im Keller lagert und nicht zu vergessen den Stereo-Toaster für 298,— DM. Nun schmerzt die Trennung und es reut Sie, so großzügig gewesen zu sein. Was können Sie tun?

Das Herz kriegen Sie vor Gericht nicht wieder. Aber auch bei den Geschenken sieht es ziemlich schlecht für Sie aus. Die Trennung allein ist kein Grund für die Rückforderung von Geschenken. Ausnahmen gelten nur für die Fälle des sogenannten „groben Undanks" oder bei Verarmung des Schenkers gemäß § 530 oder § 528 BGB. § 530 Abs. 1 BGB lautet:

„Eine Schenkung kann widerrufen werden, wenn sich der Beschenkte durch eine schwere Verfehlung gegen den Schenker oder einen nahen Angehörigen des Schenkers groben Undankes schuldig macht."

Was unter„grobem Undank“ zu verstehen ist, richtet sich allerdings nicht danach, wie Sie die Sache auffassen, sondern danach, wie die Gerichte den Fall beurteilen. Jedenfalls kein grober Undank im Sinne dieser Vorschrift liegt vor, wenn eine Trennung durch die Hinwendung des Beschenkten zu einem neuen Partner erfolgt ist. Anders wäre dies höchstens dann zu beurteilen, wenn Ihr Partner diese anderweitige Beziehung bereits zu dem Zeitpunkt unterhalten hätte, zu dem Sie ihm das Geschenk gemacht haben. Andere „schwere Verfehlungen“ im Sinne des § 530 BGB können z. B. körperliche Mißhandlungen durch den Partner sein.

Erbrecht

12

Das Erbrecht gehört zu den leidigsten Themen in bezug auf die nichteheliche Lebensgemeinschaft. Immer wieder kommt es vor, daß ein Partner stirbt und kein Testament hinterläßt. Wäre das Paar verheiratet gewesen, so wäre es gar keine Frage, ob der andere erbt. Daß der überlebende Ehegatte gesetzlicher Erbe ist, gehört zum Allgemeinwissen. Auch die Verwandten erben, wenn auch nach unterschiedlichen Anteilen und, je nachdem, ob es einen Ehegatten des Verstorbenen gibt, unterschiedlich viel.

Ganz anders dagegen der überlebende Partner einer „Ehe ohne Trauschein". Er gehört nur dann zu den gesetzlichen Erben, wenn er mit dem Erblasser verwandt war, was aber natürlich in der Regel nicht der Fall ist. Das Zusammenleben, und sei es auch noch so viele Jahre, ja sei es ein ganzes Leben lang gewesen, bewirkt allein keinerlei Erbrecht. Der überlebende Partner kann nur erben, wenn er vom Erblasser als Erbe bestimmt wurde. Das kommt in Betracht mittels Testament oder mittels Erbvertrag (dazu unten).

Dreißigster

Zunächst einmal das naheliegendste und mithin die gute Nachricht in Sachen Erbrecht des nichtehelichen Lebenspartners: Der „Dreißigste" steht Ihnen zu, auch wenn Sie keinen Trauschein hatten. Was ist damit gemeint? – § 1969 Abs. 1 Satz 1 BGB bestimmt:

„Der Erbe ist verpflichtet, Familienangehörigen des Erblassers, die zur Zeit des Todes des Erblassers zu dessen Hausstande gehört und von ihm Unterhalt bezogen haben, in den ersten dreißig Tagen nach dem Eintritte des Erbfalls in demselben Umfange, wie der Erblasser es getan hat, Unterhalt zu gewähren und die

Benutzung der Wohnung und der Haushaltsgegenstände zu gestatten."

Dabei ist von „Familienangehörigen" die Rede. Es läge nach der allgemeinen Auffassung nahe, darunter nicht auch Partner einer nichtehelichen Lebensgemeinschaft zu verstehen. In Literatur und Rechtsprechung ist man sich dagegen weitgehend einig, daß es in diesem Fall weniger auf die Familienzugehörigkeit im rechtlichen Sinne als vielmehr auf die Zugehörigkeit zum Hausstand ankommt und darauf, daß die betreffende Person vom Erblasser unterhalten wurde. Und das ist – Familie hin oder her – auch bei vielen nichtehelichen Partnern der Fall. *So hat z. B. das OLG Düsseldorf in einem Urteil vom 14. 12. 1982 (FamRZ 1983, S. 274) einer Lebensgefährtin Recht gegeben, die nach dem Tod ihres Partners weiterhin von dessen Konto Geld abgehoben und ihren Lebensunterhalt bestritten hatte. Dreißig Tage lang hatte sie auch nach Meinung der Richter ein Recht dazu.* Wenn also Ihr Lebensgefährte stirbt, dann können Sie zunächst einmal von den Erben unbehelligt einen Monat lang wenigstens wirtschaftlich weiterleben wie bisher.

Herausgabeanspruch gegen die Erben

Wie es danach weitergeht, hängt wesentlich von vorhandenen oder nicht vorhandenen letztwilligen Verfügungen Ihres verstorbenen Lebensgefährten ab. Ist weder ein Testament oder ein Erbvertrag noch eine Schenkung von Todes wegen vorhanden, so können Sie Ihre Ansprüche abschreiben. Die Erben sind nicht verpflichtet, Ihnen etwas zu geben. Das kann zu sehr ungerechten Ergebnissen führen.

So hatte z. B. eine Kriegerwitwe dreißig Jahre lang mit einem Mann in nichtehelicher Lebensgemeinschaft gelebt und ihn nicht geheiratet, weil sie sonst ihren Anspruch auf Kriegerwitwenrente verloren hätte. Die Rente hatten beide für den täglichen Bedarf ausgegeben. Als der Mann starb, hinterließ er ein Konto mit 27 000,— DM, einen Mercedes und einen Wohnwagen. Die Frau hatte nichts. Erbe des Mannes aber wurde der Bruder, dem es gar nicht einfiel, der Frau etwas davon abzugeben. Die Frau zog vor das OLG Saarbrücken (Beschluß vom 18. 5. 1979, FamRZ 1979 S. 796) und verlor. *Sie und ihr verstorbener Lebensgefährte, so die Richter, hätten immerhin das Geld so verwendet, wie sie sich das gemeinsam vorgestellt hätten. Wenn dies dazu geführt habe, daß die Frau am Schluß ohne etwas dagestanden sei, dann sei das ja wohl auch in ihrem Sinne gewesen.*

Solche Fälle kommen immer wieder vor. Dabei haben leider die Partner einer nichtehelichen Lebensgemeinschaft nicht einmal dann Aussicht auf die Erbschaft, wenn die Erben diese ausschlagen würden oder unauffindbar sind. Denn am Ende der Hierarchie der gesetzlichen Erben steht der Staat, der von Gesetzes wegen die Erbschaft nicht ausschlagen kann und sie in solchen Fällen deshalb kassiert. So z. B. ein Fall, den das LG Berlin mit Urteil vom 20. 12. 1978 (FamRZ 1979, S. 503) entschieden hat.

Damals hatte eine Frau einen halbseitig gelähmten herzkranken Mann zu sich genommen und ihn bis zu seinem Tod ein Jahr gepflegt. Namens der unbekannten Erben war nach dem Tod des Mannes ein sogenannter „Abwesenheitspfleger" bestellt worden, der von der Lebensgefährtin die Herausgabe des gesamten Nachlasses verlangte. Das Gericht gab ihm Recht. „Ansprüche des Überlebenden auf Entgelt für dem verstorbenen ‚Lebensgefährten' erbrachte Pflegeleistungen", so die Richter, „bedürfen besonderer Begründung. Es kann sich um reine Gefälligkeitsleistungen handeln; es kann aber auch der rechtliche Gesichtspunkt der ‚zweckverfehlten Dienstleistungen' in Betracht gezogen werden müssen." Kurzum, die Frau hat kein Recht, etwas für sich zu behalten. Der Nachlaß geht vollständig an die unbekannten Erben, und wenn diese nicht zu finden sind, kassiert ihn der Staat.

Letztwillige Verfügungen

Um ein Testament oder einen Erbvertrag kommt also, wer in einer nichtehelichen Lebensgemeinschaft lebt, nicht umhin. Doch auch dann kann es Probleme geben. Es gibt nämlich häufig Fälle, in denen gesetzliche Erben die testamentarische oder erbvertragliche Erbeinsetzung des Lebensgefährten anfechten. Sie berufen sich dabei regelmäßig darauf, daß es sich um ein sogenanntes „Geliebtentestament" handelt (oder noch schlimmer: „Mätressentestament"), welches sittenwidrig und deshalb nichtig sei. Wie stehen die Chancen für die Erben, daß der Richter Ihnen den Erbanspruch versagt bzw. wie stehen Ihre Chancen, daß er dies nicht tut?

Die Frage, ob es sich bei einem Testament um ein „Mätressentestament" handelt oder nicht, ist natürlich heikel. Grundgedanke dabei ist, daß ein Testament oder ein Erbvertrag, das/der als Belohnung oder als Anzreiz für geschlechtlichen Verkehr mit dem Erblasser gedacht ist, sittenwidrig ist, weil so etwas „gegen das Anstandsgefühl aller billig und gerecht Denkenden" verstößt. Bei den früher herrschenden Moralvorstellungen war es geradezu normal, hinter jeder Erbeinsetzung eines Lebensgefährten ein sittenwidriges Geliebtentestament zu sehen, weil ja ein solches Verhältnis an sich schon sittlich anstößig war. Spätestens seit Ende der sechziger, Anfang der siebziger Jahre jedoch hat sich die allgemeine Moralvorstellung so grundlegend geändert, daß auch die Gerichte nicht mehr so von oben herab über Erbeinsetzungen nichtehelicher Partner urteilen können und wollen. Auch scheint es eine etwas verquere Vorstellung von Moral zu sein, wenn man zwar ein Testament verfassen kann, in dem steht: „Frau E. soll mein gesamtes Vermögen erben, weil ich mit ihr meine schönsten Stunden im Theater verbracht habe.“ Jedoch nicht: „Frau E. soll mein gesamtes Vermögen erben, weil ich mit ihr meine schönsten Stunden im Bett verbracht habe.“ Doch darauf stellen die Richter natürlich nicht ab, wenn sie über die Frage „Geliebtentestament: ja oder nein?“ heute etwas anders urteilen, als früher.

Einen interessanten Fall hatte in diesem Zusammenhang der Bundesgerichtshof mit Urteil vom 10. 11. 1982 (FamRZ 1983, S. 53) entschieden. Damals hatte ein Mann, der sich von seiner Ehefrau und seinen Kindern getrennt hatte, seiner Lebensgefährtin ein zinsloses Darlehen von 250 000,— DM gewährt. Diese hatte mit dem Geld eine „Coiffure-Boutique“ eröffnet. Der Mann bestimmte testamentarisch, daß seine Ehefrau und die Kinder alle seine Firmen und sein sonstiges Vermögen bekommen sollen, ausgenommen das Darlehen über 250 000,— DM. Das sollte seine Lebensgefährtin bekommen, damit auch ihre Existenz gesichert sei. Die Erben klagten. *Der BGH war jedoch nicht der Ansicht, daß die Zuwendung an die nichteheliche Partnerin sittenwidrig gewesen sei, weil erstens der Mann seinen finanziellen Verpflichtungen gegenüber der Ehefrau und den Kindern nachgekommen sei und zweitens sich aus einer langjährigen nichtehelichen Lebensgemeinschaft, wie sie hier vorgelegen hätte, auch „eine moralische Pflicht ergeben“ könne, „für den Unterhalt des Partners zu sorgen und dessen wirtschaftliche Existenz nach dem eigenen Tode in angemessener Weise zu sichern."*

Heute sieht also die Rechtslage mehr oder weniger so aus: Sie haben die Möglichkeit, Ihrem Lebensgefährten etwas zu vererben. Das ist nicht automatisch sittenwidrig. Sollten Sie aber auch noch andere (gesetzliche) Erben haben, die berechtigte Ansprüche geltend machen können (insbesondere Ehegatte, Kinder), dann sollten sie dringend darauf achten, daß Sie auch diese in Ihrer letztwilligen Verfügung hinreichend berücksichtigen. Sonst laufen Sie Gefahr, daß diese das Testament oder den Erbvertrag wirksam anfechten und für Ihren Lebensgefährten die Erbschaft verloren ist. Wenn Sie mit Ihrem nichtehelichen Partner einen Erbvertrag schließen wollen, dann müssen Sie dies sowieso vor dem Notar tun. Gerade im Fall einer Erbeinsetzung des Lebensgefährten spricht, auch wenn es sich nicht um einen Erbvertrag, sondern um ein Testament handelt, einiges dafür, trotzdem zum Notar zu gehen. Dieser ist verpflichtet, Sie über alles, was rechtlich wichtig ist, aufzuklären. Die Kosten, die Sie dafür aufwenden müssen, lohnen sich in diesem Falle also sicherlich.

Nichts desto weniger sollten Sie sich vorher auch selbst schon einmal eingehend Gedanken zu diesem Thema machen und sich über Ihre Möglichkeiten ins Bild setzen. Denn auch der Notar kann natürlich nur in Ihrem Willen handeln, wenn er Ihren Willen kennt. Eine ausführliche Darstellung des Erbrechts würde den Rahmen dieses Ratgebers sprengen. Immerhin wollen wir im folgenden versuchen, die wichtigsten Punkte knapp und klar zu erläutern:

Gesetzliche und gewillkürte Erbfolge

Das Erbrecht ist in der Hauptsache in den §§ 1922 ff. BGB geregelt. Eine Vielzahl von Themen wird dort behandelt, nicht jedoch die Frage des Erbrechts nichtehelicher Lebensgefährten. Das liegt natürlich daran, daß es ein solches Erbrecht von Gesetzes wegen nicht gibt. Vielmehr gilt im deutschen Recht von Gesetzes wegen das Prinzip des Verwandtenerbrechts - und zu den Verwandten gehört die Lebensgefährtin/der Lebensgefährte nun einmal nicht. Allerdings kann - wie bereits oben angedeutet - der Erblasser auch selbst Erben nach seinem Willen einsetzen. Man nennt dies eine „gewillkürte Erbfolge.“ Der wichtigste Fall der gewillkürten Erbfolge ist das Testament.

Errichtung eines Testaments

Haben Sie ein gültiges Testament errichtet, so verdrängt Ihr Wille die gesetzliche Erbfolge. Ein Testament können Sie entweder handschriftlich abfassen (dann nennt man es „Privattestament“) oder beim Notar errichten. Wichtig: Werden diese Formvorschriften nicht beachtet, dann ist Ihr Testament - auch wenn Sie es wirklich selbst geschrieben haben - nicht gültig.

Zunächst einmal ist Voraussetzung für die wirksame Errichtung eines Testaments die Testierfähigkeit. In der Regel ist jeder, der das 18. Lebensjahr vollendet hat, also volljährig ist, testierfähig. Aber auch Personen, die erst das 16. Lebensjahr vollendet haben, können bereits wirksame Testamente errichten. Voraussetzung: Das Testament muß vor einem Notar errichtet werden.

Haben Sie diese Hürde genommen, so müssen Sie sich entscheiden, welche Art von Testament Sie errichten wollen. Das handschriftliche Testament ist die preiswerteste, aber auch die „gefährlichste“ Art der Erbeinsetzung. Preiswert natürlich deshalb, weil Sie ein solches Testament nicht „absegnen“ lassen müssen (z. B. vom Notar) und sich so Kosten sparen. Gefährlich, weil man dabei Fehler machen kann, die zur Unwirksamkeit führen, und weil man nicht unter Kontrolle hat, wer das Testament im Todesfall in die Finger bekommt (und eventuell verschwinden läßt). Die häufigsten Fehler bei der Abfassung eines Testaments sind die Nichtbeachtung der vorgeschriebenen Form und die Widersprüchlichkeit so mancher laienhafter Bezeichnungen. Wenn Sie sich dennoch – wie übrigens die meisten Mitbürger/innen – entschließen –, ein handschriftliches Testament abzufassen, dann sollten Sie folgende Punkte beachten:

1. Wollen Sie Ihren nichtehelichen Lebenspartner zum Erben einsetzen, so müssen Sie vorher Ihre gesetzlichen Erben durchchecken. Wo es nur um Geschwister geht, ist deren Zurücksetzung zugunsten des Lebensgefährten laut Bundesgerichtshof in der Regel nicht sittenwidrig, vorausgesetzt, die Partnerschaft geht über eine sexuelle Beziehung hinaus und besteht schon einige Zeit. Eine Zurücksetzung des Ehegatten oder ehelicher Kinder kann indes durchaus sittenwidrig sein. Die Gerichte gehen in diesen Fällen dann von einer Sittenwidrigkeit aus, wenn die Versorgung der Kinder oder des Ehegatten nicht hinreichend gesichert ist. Dabei sollten Sie auch darauf achten, daß der Ehegatte seine Ansprüche nicht gegenüber dem nichtehelichen Lebensgefährten geltend machen muß. Das ist dann der Fall, wenn der Ehegatte nur den gesetzlichen Pflichtteil oder ein Vermächtnis erhält. In diesen Fällen nämlich muß der Ehegatte

seinen Anteil vom nichtehelichen Partner herausverlangen. Und das ist nach Ansicht des Bundesgerichtshofes für ihn besonders demütigend. Deshalb hat der Bundesgerichtshof auch hier Sittenwidrigkeit angenommen. (Die Sittenwidrigkeit führt allerdings dann nicht - wie oben beschrieben - dazu, daß der Lebensgefährte leer ausgeht, sondern nur zu einer sogenannten „Umdeutung" der Stellung der Ehefrau, die dann wie eine Erbin in Höhe des Pflichtteils betrachtet wird. Sie ist dann nicht mehr darauf angewiesen, ihre Ansprüche gegenüber dem Lebensgefährten geltend zu machen, sondern kann gleichberechtigt die Auseinandersetzung fordern.) Um einen Rechtsstreit zu vermeiden, sollten Sie deshalb den Ehegatten zum Erben einsetzen, auch wenn Sie dies vielleicht nicht wollen, und zwar dann, wenn er von Gesetzes wegen ohnehin etwas bekommen würde (z. B. der Pflichtteil oder Zugewinnausgleich). Die Höhe der Erbeinsetzung muß diesen Anteil ja nicht überschreiten. - Wie Sie sehen, kann hier vieles falsch gemacht werden. Deshalb: Die Zuziehung eines Rechtsanwalts oder Notars ist nie falsch.

2. Wenn Sie ein gültiges Testament errichten wollen, müssen Sie die Formvorschriften unbedingt beachten. Nach § 2247 Abs. 1 BGB ist ein eigenhändiges Testament nur wirksam, wenn der Erblasser es vollständig (!) mit der eigenen Hand geschrieben hat. Eine letztwillige Verfügung, die anders (z. B. mit der Schreibmaschine) geschrieben wurde, ist deshalb ungültig. Mit einem solchen Testament können Sie niemandem etwas vererben.

3. Ihr Testament ist zwar auch gültig, wenn Sie keine Überschrift (z. B. „Mein Testament" oder „Mein letzter Wille") darübersetzen. Im Sinne der Klar-

heit sollten Sie aber dennoch nicht auf einen solchen Titel verzichten.

4. Ihr Testament kann auch aus mehreren Blättern bestehen. Sie müssen jedoch deutlich machen, daß diese Blätter zusammengehören. Oft wird das natürlich schon aus dem inhaltlichen und sprachlichen Zusammenhang hervorgehen. Um sicher zu gehen, daß später keine Mißverständnisse auftreten, sollten Sie die Blätter jedenfalls durchnumerieren und mit einem Handzeichen versehen.
5. Die Unterschrift (die natürlich eigenhändig erfolgen muß!) besitzt Identifikations- und Abschlußfunktion. Das bedeutet, daß durch sie einerseits bewiesen wird, daß das Testament von Ihnen stammt, und andererseits ein Schlußstrich unter die Verfügung von Todes wegen gesetzt wird. Also: Am Ende immer unterzeichnen.
6. Wichtig: Geben Sie beim Testament immer Ort und Tag der Niederschrift an. Wenn Sie später ein anderes Testament verfassen, dann wird das vorhergehende dadurch verdrängt.

Um Ihnen das Abfassen Ihres letzten Willens etwas leichter zu machen, haben wir am Ende des Kapitels (siehe S. 172) noch einige Mustertestamente angefügt.

Die Errichtung eines handschriftlichen Testaments ist – wie gesagt eine Möglichkeit, die Sie haben. Die andere Möglichkeit ist, daß Sie das Testament vor dem Notar errichten. Zuständig für solche Angelegenheiten ist der Notar in dessen Bezirk Sie wohnen. Wenn Sie ein notarielles Testament errichten, dann entfällt das Erfordernis der Schriftform. Sie können dem Notar Ihren Willen dann ebenso mündlich erklären wie Sie ihn ihm schriftlich geben können (wobei es dann egal ist, ob handschriftlich oder getippt). Wenn Sie es wünschen, insbesondere wenn Sie Ihren letzten Willen nur mündlich zum Ausdruck bringen, wird der Notar ihn verfassen und anschließend beurkunden. Er ist auch verpflichtet, Sie in juristischen Fragen zu beraten. Das Beratungsgespräch ist übrigens in den Gebühren für die Beurkundung schon enthalten. Scheuen Sie sich also nicht, nachzuhaken, wenn Sie etwas erklärt haben wollen.

Der große Vorteil eines notariellen Testaments: Sie können sichergehen, daß Sie alles richtig gemacht haben. Außerdem besteht keine Gefahr, daß das Testament verloren geht oder in falsche Finger gerät, weil es der Notar registriert und amtlich verwahrt.

Wegen der besonderen Eigenheiten, die dabei zu berücksichtigen sind, ist vor allem denjenigen Partnern einer nichtehelichen Lebensgemeinschaft eine notarielle Beurkundung Ihres Testaments wärmstens zu empfehlen, die noch Kinder oder einen Ehegatten haben.

Die Gebühren für das Testament richten sich übrigens nach dem gegenwärtigen Wert Ihres Vermögens. Wenn Sie beispielsweise zum Zeitpunkt der Testamentserrichtung ein Vermögen von 10 000,— DM haben, dann richten sich die Gebühren nach diesem Betrag, auch wenn Sie vielleicht 10 Jahre später 50 000,— DM haben und bei Ihrem Tode das Vermögen 200 000,— DM beträgt. Die Höhe der Gebühren finden Sie auf S. 177. Sie entstammen der KostO (Anlage zu § 32). Auch die Aufbewahrung des Testaments beim Notar bringt übrigens Kosten mit sich. Diese sind jedoch relativ niedrig.

Widerruf eines Testaments

Und wie steht es, wenn Sie nicht mehr zu Ihrem Testament stehen? Was, wenn Sie schon ein Testament gemacht haben, in dem Ihr Lebensgefährte noch nicht berücksichtigt ist? Oder wenn Sie Ihren (Ex-)Lebensgefährten aus dem Testament streichen wollen? – Nichts leichter als das. Sie können Ihr Testament jederzeit widerrufen, Testierfähigkeit selbstverständlich immer vorausgesetzt. Der Widerruf kann auf verschiedene Art und Weise erfolgen, und zwar:

a) Durch ein Testament:
   — entweder durch ein sogenanntes Widerrufstestament, das außer dem Widerruf keine weiteren Verfügungen enthält, oder
   — durch ein neues Testament, das Verfügungen enthält, die denjenigen in dem früheren Testament widersprechen, dabei wird allerdings das frühere Testament nur in den betreffenden Punkten widerrufen und bleibt im übrigen gültig:

b) durch „schlüssiges Handeln“:
   — entweder indem Sie das Testament ganz einfach dadurch aufheben, daß Sie es vernichten oder
   — durch Zurücknahme eines notariellen Testaments aus amtlicher Verwahrung.

Wie Sie sehen, ist der Widerruf eines Testaments völlig unproblematisch. Daraus folgt aber auch, daß das bloße Bedachtwerden in einem Testament für Sie noch keine Gewähr bietet, nach dem Tod des Partners auch tatsächlich etwas vom Erbe zu bekommen. Er bzw. sie könnte es sich ja irgendwann anders überlegt und das Testament widerrufen haben. Gerade in solchen Fällen gibt es immer wieder die ungerechtesten Resultate, wenn z. B. ein Partner den anderen jahrelang gepflegt hat und schließlich nach dessen Tod vor dem Nichts steht. Deshalb sollte man vielleicht eine etwas verbindlichere Form als die des Testaments wählen.

Das gemeinschaftliche Testament

Eine interessante Alternative wäre hier das gemeinschaftliche Testament. Dabei kann man nämlich sogenannte „wechselbezügliche Verfügungen von Todes wegen“ einbauen, die nur unter erschwerten Bedingungen widerrufen werden können.

Wenn beide Partner noch leben, ist zum Widerruf eine notarielle Erklärung erforderlich. Außerdem muß ein gemeinschaftliches Testament nicht von jedem Partner handschriftlich angefertigt werden, sondern nur von einem. Der andere muß dann nur noch mitunterschreiben. Das klingt alles sehr sinnvoll. Und nun der Haken: Das gemeinschaftliche Testament ist gemäß § 2265 BGB leider ausschließlich Ehegatten vorbehalten. Ohne Trauschein kein gemeinschaftliches Testament. Eine durch nichteheliche Partner in dieser Form errichtete Verfügung von Todes wegen ist unwirksam.

Diese Regelung wird vom Bundesverfassungsgericht leider auch nicht als verfassungswidrig angesehen. Das geht aus einem Beschluß des höchsten deutschen Gerichts vom 26. 4. 1989 (NJW 1989, S. 1986) hervor. Das Bundesverfassungsgericht wörtlich: *„Es ist von Verfassungs wegen nicht zu beanstanden, daß die von der Beschwerdeführerin, angerufenen Zivilgerichte das vorliegende Testament, welches von der Beschwerdeführerin in der nach § 2247 BGB vorgeschriebenen Form errichtet und von dem Erblasser nur eigenhändig mitunterzeichnet worden war, als nichtig angesehen haben, weil die Vorschriften über das gemeinschaftliche Testament (§§ 2265 ff. BGB) insbesondere die hier* *bedeutsame Formerleichterung in § 2267 BGB, bei Nichtehegatten keine Anwendung fänden. Durch diese nur für Ehegatten geltende Regelung hat der Gesetzgeber in verfassungsrechtlich unbedenklicher Weise dem Wesen der durch Art. 6 Abs. 1 GG besonders geschützten ehelichen Lebensgemeinschaft Rechnung getragen.*" Deshalb: Ein gemeinschaftliches Testament kommt für Sie nicht in Frage.

Das hindert Sie natürlich nicht daran, gleichlautende Testamente zu errichten, die Sie jeweils handschriftlich abfassen und unterzeichnen. Die Sicherheit, die ein gemeinschaftliches Testament den Ehegatten bietet, die es errichten, können Sie so aber wegen der jederzeitigen Widerruflichkeit nicht erreichen. (Übrigens: Ein unwirksames gemeinschaftliches Testament nichtehelicher Lebensgefährten wird auch nicht dadurch wirksam, daß das Paar später heiratet). Aber auch für Partner einer nichtehelichen Lebensgemeinschaft gibt es eine Möglichkeit, mehr Sicherheit bei den letztwilligen Verfügungen zu erzielen. Und zwar durch den sogenannten Erbvertrag nach den §§ 2274 ff. BGB.

Der Erbvertrag

Der Erbvertrag kann auch von nichtehelichen Lebensgefährten errichtet werden. Er kann sowohl Verfügungen von Todes wegen als auch sonstige Vereinbarungen beinhalten. Dabei können sowohl beide gleichzeitig als auch nur einer der Partner über den Nachlaß verfügen.

Im Erbvertrag können Sie Erbeinsetzungen, Vermächtnisse und Auflagen vertragsmäßig vereinbaren. Dabei erfolgt die vertragliche Bindung nur bezüglich dieser Verfügungen. Sie können insbesondere nicht durch ein späteres Testament geändert werden. Auch Schenkungen, die den Erbvertrag unter Umständen aushöhlen könnten (weil beim Erbfall ein Teil des Vermögens fehlt), sind unwirksam.

Der Erbvertrag kann nur höchstpersönlich geschlossen werden. Voraussetzung ist natürlich auch hierbei, daß Sie voll geschäftsfähig sind (beschränkt Geschäftsfähige benötigen zum Abschluß eines Erbvertrages die Zustimmung ihres gesetzlichen Vertreters).

Der Erbvertrag muß ferner vor dem Notar geschlossen werden. Dabei müssen beide Partner gleichzeitig anwesend sein. Der Notar liest dann den Erbvertrag vor. Sie genehmigen und unterschreiben ihn.

Wer einen Erbvertrag unterschreibt, geht eine ernstzunehmende Verpflichtung ein. Ein Beispiel:

Felicitas Frank und Felix Frei lieben sich innig. Also gründen sie eine Familie. Allerdings ohne Trauschein. Nachdem sie zwei Jahre zusammengelebt haben, erleidet Felix Frei einen schweren Arbeitsunfall. Plötzlich wird beiden bewußt, daß sie für den Fall, daß einer von ihnen stirbt, gar keine „Vorsorge“ getroffen haben. Sie wollen deshalb einen Erbvertrag abschließen. Gesagt, getan. Beim Notar legen sie nieder, daß sie sich gegenseitig zu Alleinerben einsetzen. (Das trifft sich gut, weil beide keine nahen Verwandten mehr haben.) Doch eines Tages schlägt das Schicksal zu: Vasen fliegen, Türen knallen – die nichteheliche Lebensgemeinschaft nimmt ein jähes Ende. An den Erbvertrag denkt Felicitas Frank lange Zeit nicht. Bis sie – es sind inzwischen Jahre vergangen – von ihrem neuen Lebensgefährten gefragt wird, ob man denn nicht z. B. einen Erbvertrag abschließen sollte. Da dämmert es Felicitas: „Ich könnte etwas falsch gemacht haben.“

Nun, ob man es falsch gemacht hat oder nicht, das stellt sich meist erst heraus, wenn's darauf ankommt. Aber man kann natürlich vorsorgen. Deshalb: Wenn Sie zwar sichergehen wollen, daß Ihr Lebensgefährte im Falle Ihres Todes etwas aus Ihrem Nachlaß erhält (und umgekehrt), dann schließen Sie mit ihm einen Erbvertrag. Und wenn Sie außerdem sicher gehen wollen, daß er nichts bekommt, falls die Lebensgemeinschaft mit ihm bis dahin nicht mehr besteht (und umgekehrt), dann nehmen Sie eine Rücktrittsklausel in den Erbvertrag auf. Nichts einfacher als das. § 2293 BGB bestimmt: „Der Erblasser kann von dem Erbvertrage zurücktreten, wenn er sich den Rücktritt im Vertrage vorbehalten hat."

Ein solcher Rücktritt erfolgt gemäß § 2296 Abs. 2 BGB durch Erklärung gegenüber dem Vertragspartner. Und diese Erklärung bedarf der notariellen Beurkundung, das heißt, Sie müssen sie vor dem Notar abgeben.

Wichtig: Ihr Erbvertrag ist unter den gleichen Umständen sittenwidrig wie das Testament. Vorsicht ist also geboten, falls ein Ehepartner oder Kinder vorhanden sind (siehe dazu S. 170).

Musterentwürfe: Testament

I.

Mein letzter Wille

Ich, Felix Frei, setze meine Lebensgefährtin Felicitas Frank zu meiner alleinigen Erbin ein.

München, den . . .

. . . .
(Unterschrift) Felix Frei

II.

Mein letzter Wille

Ich, Felix Frei, setze hiermit als meine alleinigen Erben ein

1. meine Lebensgefährtin Felicitas Frank zu 1/2,
2. meinen Freund Friedbert Gut zu 1/4,
3. Frau Frauke Dreier zu 1/4.

München, den . . .

....

(Unterschrift) Felix Frei

III.

Mein letzter Wille

Ich, Felicitas Frank, setze hiermit Herrn Friedbert Gut zu meinem alleinigen und ausschließlichen Erben ein. Meinem Lebensgefährten Felix Frei vermache ich mein Mietshaus am Vergißmeinnicht-Weg 7 und meine Briefmarkensammlung.

München, den . . .

....

(Unterschrift) Felicitas Frank

Hier hat Felicitas Frank ihren Lebensgefährten nicht als Erben benannt, sondern für ihn einen Anspruch auf Herausgabe des Hauses und der Briefmarkensammlung gegen Friedbert Gut begründet.

IV.

Mein letzter Wille

Ich, Felicitas Frank, setze hiermit meinen Lebensgefährten Felix Frei zum alleinigen Erben ein.

Sollte er nicht zur Erbfolge gelangen, bestimme ich als Ersatzerben meine Freundin Frauke Dreier.

München, den . . .

....
(Unterschrift) Felicitas Frank

Hier hat Felicitas Frank die Erbfolge auch für den Fall geregelt, daß ihr Partner vor ihr stirbt. Diesen Vorgang bezeichnet der Gesetzgeber in den §§ 2096 ff. BGB als Ersatzerbfolge.

Musterentwürfe: Erbvertrag

I.

Nr. 1313
Vor mir, Notar Dr. Himmelreich in München, erschienen

1. Herr Felix Frei
2. Frau Felicitas Frank.

Sie vereinbaren was folgt:

1. Frau Felicitas Frank setzt Herrn Felix Frei zu ihrem alleinigen Erben ein.
2. Herr Felix Frei setzt Frau Felicitas Frank zu seiner alleinigen Erbin ein.
3. Die obigen Verfügungen sind gegenseitige Verfügungen.

4. Mit der Beendigung der nichtehelichen Lebensgemeinschaft auf andere Weise als durch den Tod hat jeder der Partner das Recht, diesen Vertrag zu widerrufen.

München, den . . .

....

(Unterschriften) Felix Frei
Felicitas Frank
Notar (Siegel)

So kann ein Erbvertrag aussehen, in dem sich beide verpflichten. Es ist aber auch durchaus möglich, daß nur einer der Partner sich in einem Erbvertrag verpflichtet. Im Endeffekt kann man dies dann wie eine Art „bindendes Testament“ betrachten. Hierzu ein Beispiel:

II.

Erbvertrag

Nr. 1314
Vor mir, Notar Dr. Himmelreich in München, erschienen:

1. Felix Frei
2. Felicitas Frank

1. Erbeinsetzung

   Ich, Felix Frei, setze als meine alleinige Erbin meine Lebensgefährtin Felicitas Frank ein.

2. Vermächtnis

   Meinem Freund, Michael Popf, vermache ich die goldene Uhr und das Haus am Vergißmeinnicht-Weg 13.

3. Bindung

   Alle Verfügungen, die in dieser Urkunde getroffen wurden, sind unwiderruflich.

(Wollen Sie eine solche Bindung nicht, so müssen Sie eine Rücktrittsklausel vereinbaren; dann lautet der Punkt 3 folgendermaßen:

3. Bindung

Jeder der Vertragschließenden hat jederzeit ein Rücktrittsrecht von diesem Vertrag.)

München, den . . .

. . . .
(Unterschriften) Felix Frei
Felicitas Frank
Notar (Siegel)

Das Wichtigste auf einen Blick

- Treffen Sie *keine Verfügung von Todes wegen*, so erbt der nichteheliche Partner nichts. Er kann dann nur den *Dreißigsten* verlangen.
- Sie können Ihren Partner entweder im *Testament* oder durch *Erbvertrag* bedenken.
- Die Erbeinsetzung des nichtehelichen Partners ist in der Regel nicht *sittenwidrig*. Ausnahme: Der *Ehegatte* oder die *Kinder* werden zu sehr benachteiligt.

  Wichtig: Hier auf jeden Fall den Notar oder einen Rechtsanwalt heranziehen.
- Sie können zwischen dem *eigenhändigen* und dem *notariellen Testament* wählen.
- Der *Erbvertrag* bietet mehr Sicherheit als das Testament.

Gebührenübersicht

Bei einem Geschäftswert	beträgt eine volle Gebühr	Bei einem Geschäftswert	beträgt eine volle Gebühr	Bei einem Geschäftswert	beträgt eine volle Gebühr
bis ... DM	... DM	bis ... DM	... DM	bis ... DM	... DM
500	15	420 000	740	1 240 000	1970
1 000	18	440 000	770	1 260 000	2000
1 500	21	460 000	800	1 280 000	2030
2 000	24	480 000	830	1 300 000	2060
4 000	38	500 000	860	1 320 000	2090
6 000	52	520 000	890	1 340 000	2120
8 000	66	540 000	920	1 360 000	2150
10 000	80	560 000	950	1 380 000	2180
15 000	90	580 000	980	1 400 000	2210
20 000	100	600 000	1010	1 420 000	2240
25 000	110	620 000	1040	1 440 000	2270
30 000	120	640 000	1070	1 460 000	2300
35 000	130	660 000	1100	1 480 000	2330
40 000	140	680 000	1130	1 500 000	2360
45 500	150	700 000	1160	1 520 000	2390
50 000	160	720 000	1190	1 540 000	2420
55 000	170	740 000	1220	1 560 000	2450
60 000	180	760 000	1250	1 580 000	2480
65 000	190	780 000	1280	1 600 000	2510
70 000	200	800 000	1310	1 620 000	2540
75 000	210	820 000	1340	1 640 000	2570
80 000	220	840 000	1370	1 660 000	2600
85 000	230	860 000	1400	1 680 000	2630
90 000	240	880 000	1430	1 700 000	2660
95 000	250	900 000	1460	1 720 000	2690
100 000	260	920 000	1490	1 740 000	2720
120 000	290	940 000	1520	1 760 000	2750
140 000	320	960 000	1550	1 780 000	2780
160 000	350	980 000	1580	1 800 000	2810
180 000	380	1 000 000	1610	1 820 000	2840
200 000	410	1 020 000	1640	1 840 000	2870
220 000	440	1 040 000	1670	1 860 000	2900
240 000	470	1 060 000	1700	1 880 000	2930
260 000	500	1 080 000	1730	1 900 000	2960
280 000	530	1 100 000	1760	1 920 000	2990
300 000	560	1 120 000	1790	1 940 000	3020
320 000	590	1 140 000	1820	1 960 000	3050
340 000	620	1 160 000	1850	1 980 000	3080
360 000	650	1 180 000	1880	2 000 000	3110
380 000	680	1 200 000	1910		
400 000	710	1 220 000	1940		

Stichwortverzeichnis